EL LIDER

U – COACH

EL LIDER
U – COACH

UN ESTILO DE LIDERAZGO PARA GENERAR CAMBIOS REALES

Cómo desarrollar un liderazgo efectivo orientado a los resultados, desde una cultura centrada en la confianza

DEDICATORIA Y AGRADECIMIENTO

Dedico este libro a todas las personas que me acompañaron en la vida y me siguen acompañando: amigos, colaboradores con los que trabajé, a quienes dirigí y a los que seguí, compañeros de consultoría, a los asistentes de mis talleres, a las empresas que me dieron la oportunidad de trabajar con ellos, pues de todos ellos aprendí todo lo que conozco hoy en día.

En especial dedico este libro a mis tres hijos: Haim, Deborah y Noah quienes han sido y son el motor y motivo de mi vida, y de quienes he aprendido mucho, desde sus bromas, travesuras, sus preguntas, consejos, y todo lo que día a día caminamos y vemos juntos.

A mi compañera de vida Anita, o miss Anita como la conocen quien me ha acompañado en todos los momentos de mi vida, desde los buenos tiempos y en los malos tiempos. Siempre a mi lado a pesar de las circunstancias.

A mi papá de quien aprendí a ser responsable, leal y honesto. A mi mamá porque me enseñó a siempre sonreír a pesar de las circunstancias, a ayudar al prójimo y dar una mano amiga, no importa de donde venga, ella siempre risueña y alegre, hoy vive en su mundo del alzhéimer, pero es feliz, pues como siempre solo tiene palabras de agradecimiento y de bondad con todos.

A mi coach y mentor Luis Flores Guerra quien siempre creyó en mí y en mis talentos para seguir adelante.

Y a todos mis clientes de quienes aprendí mucho y quienes me dieron la oportunidad de trabajar y me la siguen dando.

¡¡A todos ustedes muchas gracias y éxitos!!

Salvador

INDICE

PROLOGO DAVID ALONSO

Reinventando el Liderazgo

La mayoría de las teorías del Liderazgo del S.XX que conocemos se han quedado obsoletas. Muchas de ellas fueron elaboradas por teóricos que, en algunas ocasiones, no habían implementado las mismas por su cuenta, sino que simplemente habían elaborado el marco conceptual.

En situaciones donde el futuro era más o menos previsible y poco cambiante, estas teorías eran válidas y puestas en práctica por líderes en todo el mundo con más o menos éxito.

La nueva economía que ya está aquí, aunque muchos no la quieran ver, no va a admitir más esto. Todas aquellas teorías que no tengan una base sólida, y por base sólida me refiero a que esté basada en la experiencia real en organizaciones, no van a sostenerse ni resultar creíbles por los líderes de esta nueva economía. Necesitamos cada vez más invertir el orden tener-hacer-ser y volver a la esencia. Y el nuevo liderazgo no está siendo ajeno a este cambio.

Desde nuestra organización abogamos por construir líderes siguiendo este orden:

Autenticidad: ser quien realmente es, sin máscaras ni disfraces. Un líder que se conozca, que sepa gestionar sus emociones y que actúe desde la positividad de saber ver las fortalezas de su gente.

Integridad: que parte de un comportamiento ético impecable, donde no todo vale para conseguir el fin, y que muestra su apoyo incondicional a través del respeto por cada uno de los miembros que componen la organización.

Resultados: Solo partiendo de estas dos premisas anteriores conseguirá resultados sólidos y sostenibles en el tiempo, sabiendo gestionar el desempeño de sus colaboradores, siendo el modelo en el que las personas quieran reflejarse y teniendo herramientas para sobreponerse con resiliencia a los continuos cambios y resultados no deseados que van a surgir irremediablemente durante todo el proceso.

Y, por supuesto, poniendo como pilar Central y como base de todo, el valor de los valores: la Confianza. Mi maestro Simón Dolan dice que no hay líderes sin seguidores y a mí me gusta añadir que no hay seguidores sin confianza.

Liderar ya no es mandar, es convertirse en ejemplo para que las personas quieran seguirte y eso solo puede suceder si eres fiel a lo que realmente eres, tus valores.

Salvador ha aglutinado en este libro conceptos y metodología que se basan en su propia experiencia estando en primera línea como líder primero y como consultor después, seleccionando las 9 competencias o comportamientos que debe tener un líder poniendo en el centro, como no, la Confianza.

Un libro escrito desde su autenticidad, con ejemplos prácticos y aglutinando aquellos conceptos de otros autores que, hoy en día, siguen siendo válidos.

Un libro que sorprende por su claridad y su manera de exponer los conceptos directa y sencilla que te va a tocar el alma como líder y te van a motivar a ponerlos en práctica desde el mismo momento en que lo leas. Provocando tu reflexión e incitándote a la acción.

Salvador ha demostrado una vez más su compromiso con nuestra misión compartida, y es una de las personas que claramente está "Cambiando el mundo a través de los Valores".
¿Serás tú uno/a de los que se unan a este reto?

¡Espero que así sea!

David Alonso
CEO Coaching por Valores / Leadership by Values

INTRODUCCION

"Si tus acciones inspiran a otros a soñar más, aprender más, hacer más y ser mejores, eres un líder."

Jack Welch Jr.

Hoy en día en el mundo con el problema de la pandemia del COVID-19 y todos los cambios que esto ha llevado a las organizaciones, más que nunca se necesita de Líderes que entiendan la volatilidad del entorno, la incertidumbre, las complejidades y la ambigüedad a la que nos enfrentamos. Necesitamos humanizar las empresas, y hacerlas más efectivas, más creativas, y para ello se requiere de la participación de todos sin excepción en las empresas. Líderes que sean humildes, íntegros, como decía Gandhi: Decir – Hacer y Pensar siempre lo mismo. Actuar de manera autentica y generar Confianza.

Las organizaciones entienden que la única manera de lograr resultados extraordinarios es teniendo líderes que sean capaces de poner en acción a las personas que están a su cargo, para que quieran ir más allá de los objetivos deseados.

Como dice Jack Welch, un líder debe ser capaz de inspirar a las personas a perseguir sus sueños, a aprender más y a ser mejores. Y una herramienta o metodología que está al servicio de generar lo mejor en las personas, hoy en día es el coaching. En este libro: El Líder U-COACH, he querido plasmar herramientas de coaching y otras herramientas que he ido aprendiendo y aplicando en mis talleres, como Design Thinking, Dinámicas de Gestalt, y Análisis del Perfil Conductual, para generar ese liderazgo autentico que logre ese despertar en las personas a cargo, que sea un liderazgo único para cada persona, que este orientado a relaciones sanas, y a resultados para la organización.

Es sumamente importante que el líder sepa equilibrar el foco en el resultado y en las personas. No puede perder de vista el resultado ni a las personas que son las que lo van a lograr, trabajando en equipo. Tampoco puede solamente concentrarse en las personas y perder de vista los resultados, y mucho menos concentrarse en los resultados y perder de vista a las personas.

Aquí un cuadro donde podemos observar los cuatro cuadrantes que se forman cunado prestamos más o menos foco a los Resultados y/o a las Personas y las consecuencias que se generan.

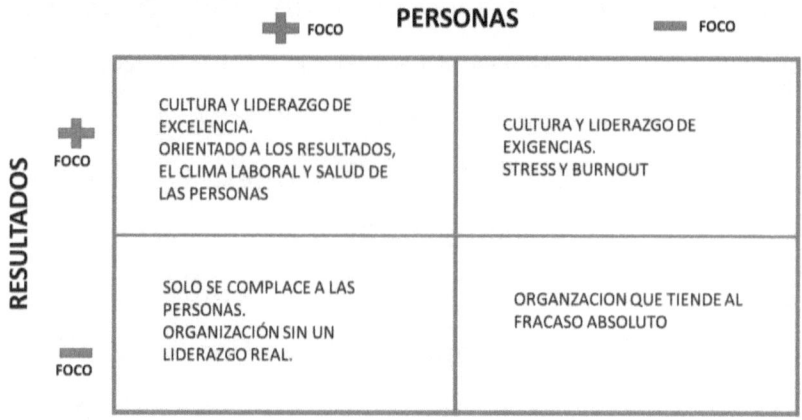

El líder debe generar ese balance único con cada miembro de su equipo para motivarlos a que quieran hacer lo que hay que hacer, y lo hagan con una buena actitud, con pasión e interés. Que logren resultados extraordinarios, que sientan que el resultado le pertenece a cada miembro del equipo y no solo al líder, y a la vez que sientan que logrando ese resultado para la organización también están logrando construir sus propios sueños, aprendiendo ellos a ser mejores profesionales y personas, con el fin de construir una sociedad cada vez mejor entre todos.

En Líder U-COACH, quiero dejar los pasos a seguir para convertirnos en ese líder.

Espero sea de toda tu utilidad y puedas poner en práctica las herramientas y conceptos que expongo en el libro.

¡Éxitos en tu liderazgo!

EL MODELO U – COACH

En realidad, es un acróstico que he creado, a raíz de todo lo que he trabajado hasta el momento con diferentes equipos de empresas y coaching con ejecutivos; sobre el liderazgo y el coaching.

Quería hacer algo único, que sonara interesante y que indique que uno mismo puede a través de las competencias del coaching, ser mejor líder y ser algo de coach.

El modelo U-COACH está orientado a indicarte como deben ser las relaciones entre el Líder y el Empleado para lograr resultados extraordinarios en tu equipo y a la vez generar confianza.

La idea es generar vínculos reales, honestos, transparentes sin dejar de lado el foco hacia los resultados. Donde tu como líder puedas disfrutar de los resultados de tu equipo, obtener un clima laboral único y equilibrado, donde se respire por lo general momentos de alegría, determinación, una sola visión, energía y pasión.

EL modelo U-COACH, te invita y reta a través de la creatividad y originalidad, a que logres distinguirte entre lo común y lo transaccional en tus relaciones con el equipo. ¿Qué es lo transaccional o común a todos? Por ejemplo, la típica elección del empleado del mes, donde se escoge al "mejor" del mes y colocamos su foto para que todos, empleados y clientes puedan verlo.

Otro ejemplo típico de actividad transaccional es festejar el cumpleaños del empleado del mes. O bien se espera a fin de mes y se compra una o dos tortas para celebrar con todos juntos, todos los que cumplieron años ese mes, o de lo contrario, se le compra una torta para que se la lleven a su casa. Y claro para que todo sea igual, es la misma torta para todos.

Una vez en uno de los talleres que facilitaba sobre el "Líder Coach", tocamos este tema sobre diferenciarse entre lo "transaccional" y lo "original", (que es lo que el modelo que presento logre ser), y surgió la siguiente anécdota de una de las participantes del taller:

Esta persona, le pondré como nombre Liz para efectos didácticos, empezó a trabajar en una empresa "X" como asistente del departamento Comercial. Pasados unos meses trabajando, un día llega Liz a su escritorio, y al prender la computadora, lo primero que ve es un mensaje de la empresa que decía: "Feliz Cumpleaños Liz, te deseamos todos los colaboradores y jefes del a compañía" …. ¡Buen detalle!, pero eso fue todo lo que recibió a parte del saludo de las personas que por ahí se acordaron de que ese día era su cumpleaños. Mas tarde Liz se fue a almorzar al comedor, cuando termina su almuerzo, se acerca a la persona que administrativa el comedor, y Liz le dice: "me voy a engreír por mi cumpleaños", véndame una porción de torta, la administradora le pregunto: ¿Es tu cumpleaños?, a lo que Liz le repitió: "Si! ¡Hoy es mi cumpleaños!", la administradora del comedor, le dijo: ¡¡Ah!! Entonces de parte de la empresa tienes derecho a una torta de chocolate que la puedes compartir ahora con las personas de tu equipo, o bien llevártela a tu casa. Liz, un poco sorprendida porque no sabía nada, tomo la torta y escogió llevársela a casa.

Liz, me comento, que a ella nadie la había dicho u orientado, sobre las costumbres de la empresa al respecto, se sintió desconcertada, y si bien es cierto es una linda sorpresa que te den una torta por tu cumpleaños para que la compartas con las personas que quieres, toda la magia de ese evento se echaba a perder, pues, por un lado no era bien aprovechada por la compañía para darle el valor que merece esa política, y por otro lado, todos recibían exactamente lo mismo, y no es que este mal, si no que estas poniendo a todos en un mismo "saco", pues Liz me comento que a ella la torta de chocolate no era una de sus favoritas, pero... "a caballo regalado, no se le mira el diente", me dijo, así que igual la tomo.

Pasaron los meses y Liz tuvo la oportunidad de ir a otra empresa a trabajar por mejores condiciones económicas. Estando en esta nueva empresa, donde hizo nuevas amistades se encontraba cómoda y feliz. Y tal como pasa todos los años, llego el día de su cumpleaños, ese día Liz llega a la oficina y se sienta en su escritorio, prende la computadora y no había mensaje alguno, sin embargo al poco rato llegan su jefa con todos sus compañeros, portando globos y la jefa de Liz tenía una torta en las manos, todos se acercaron a su sitio, le cantaron el "Happy Birthday" clásico, y la jefa le entrega la torta. Me dice Liz que se quedó deslumbrada y asombrosamente feliz al ver que la torta que le trajeron era de frutas y crema chantilly, ¡!Wuauuuu!!!!! era su torta favorita!!! ¿Como supieron eso?, ¿Cómo sabían que le encantaba la fruta y la crema?, ¿quién les conto cuál era su torta favorita?, ¿en qué momento tomaron nota de sus gustos?, Liz no cabía de felicidad y asombro, no podía haber iniciado su cumpleaños de mejor manera en la oficina.

Si analizamos a ambas compañías y ambas situaciones, tenemos que en ambos casos se invierte la misma cantidad de dinero, aproximadamente. Sin embargo, el efecto es totalmente diferente, el primero es totalmente "ajeno", meramente transaccional, no involucra ni considera a las personas, simplemente es una política más.

En cambio, el segundo caso, es realmente único, construye relaciones entre la empresa, el líder y el colaborador, se genera un clima de confianza único. Es atractivo puesto que gusta a todos, es creativo al ser especial para cada persona y se necesita creatividad para entender los gustos y "antojos" de cada uno, es transparente, sincero, honesto.

Y esto es lo que quiero distinguir con el modelo **U-COACH**, entender que no tienes que invertir más, y quizás hasta menos, para generar relaciones duraderas y un buen clima laboral, determinado por la confianza y orientado hacia los resultados.

Y por qué digo "orientado a resultados", porque cuando existe un buen clima laboral, donde hay armonía, se trabaja feliz, y un ambiente de confianza las personas están más dispuestas a compartir un objetivo común y luchar por ello. Eso hace más fácil obtener los resultados y genera más ganas de ir más allá de lo que nos planteamos como objetivo común, todos quieren velar por la excelencia en el desempeño.

Por todo lo expresado anteriormente es que presento este modelo de liderazgo basado en el **U-COACH**, y aquí esta:

U NICO

—

C ONFIABLE

O RIENTADO A RESULTADOS

A SERTIVO

C REATIVO

H UMILDE

Es **UNICO** porque cree en que las personas somos únicas, y la relación de trabajo debe estar basada en eso que te hace especial y único. Entender que somos seres únicos, individuales pero que a la vez necesitamos del grupo para ser mejores. Motivar a cada persona de manera única y especial. Significa ser autentico con cada persona de tu equipo, y lo que haces o das es solo para esa persona.

Tus actos deben orientarse a **GENERAR CONFIANZA** y convertirte en una **LIDER CONFIABLE**, pues al tener aspectos únicos con las personas y conocerlas, generas relaciones de confianza, un ambiente de seguridad, que genera respeto, imparcialidad, protección, tranquilidad y motivas a las personas a seguirte. El Líder al ser **CONFIABLE**, genera un ambiente de felicidad. Atrae a su equipo hacia el logro de los objetivos, y dar la milla extra; a que ellos quieran actuar de acuerdo con los valores y cultura de la organización.

Al liderarlos bajo este modelo, en un ambiente de confianza, las personas se sienten tranquilas y ven que el líder trabaja para ellos, es por ello, que las personas le responden al líder también con el mismo ánimo y compromiso, por lo tanto, todos estarán alineados y **ORIENTADOS A RESULTADOS**

El modelo **U-COACH** se refiere a que el Líder es **ASERTIVO** donde la comunicación es la adecuada, las maneras y formas tienen un sentido de respeto mutuo, no de atropello, no de sumisión, no de crítico, sino más bien de equidad, de transparencia, de que las cosas se dicen porque hay que decirlas de frente, con respeto, e imparcialidad. Con un tono de voz que invita a la calma, a la reflexión, y que inspira.

Es **CREATIVO**, porque demanda de cada líder ideas diferentes e innovadoras para motivar a las personas y hacer de su área un ambiente cálido, acogedor, donde todos quieran quedarse y hacer más.

Es **HUMILDE** porque recibe a todos por igual, se dirige a todos por igual, sabe valorar el esfuerzo de cada uno de sus compañeros de equipo, no se siente superior, entiende que él está para servir a los demás, para sacar la cara por su equipo, para defender a cada uno frente a las amenazas, porque entiende que todos merecemos el mismo respeto, el mismo trato, el ser escuchados con atención e interés, porque somos seres humanos con necesidades y aspiraciones, porque debe ser sincero, transparente, que te nazca hacerlo desde lo profundo de tu corazón, y eso se siente y genera aprecio y respeto.

DIMENSIONES DE
"EL LIDER U-COACH"

En todos estos años trabajando diferentes talleres, dentro de los cuales me especialice más en temas referentes a Liderazgo, Trabajo en Equipo, Comunicación y Servicio al Cliente, he aprendido mucho y me he enriquecido con las historias y anécdotas de los participantes en los talleres, así como también entendiendo sus preguntas y lo que más les inquietaba. Han sido hasta la fecha más de 9,000 horas de aprendizajes y enseñanzas. Me parece increíble cuando pienso en todo lo recorrido, y quiero seguir en este camino por mucho tiempo más, si D-os lo permite.

Basado en esas anécdotas, historias, preguntas recurrentes y enseñanzas es que empecé a agruparlas de acuerdo con su tipología u orientación, y el resultado es este cuadro que elabore con nueve dimensiones que considero importante para tener un liderazgo de excelencia o convertirte en ese LIDER U-COACH. Para entender hacia donde quieres dirigirte, generar lazos de confianza y lograr resultados extraordinarios, o como suelo decir: Resultados más allá de lo Ordinario.

Aquí te presento las dimensiones que estaré desarrollando punto por punto en este libro:

MODELO: EL LIDER U-COACH

CONFIANZA O ALTO EN CONFIANZA: la base del liderazgo, el centro del todo, el valor que no es negociable en las organizaciones que desean trascender, es saber generar confianza entre las personas de su equipo y consigo mismo, para así lograr un ambiente adecuado y seguro de trabajo para llegar a cumplir y sobrepasar las metas establecidas.

CONOCER: en mis talleres me percate que la mayoría de los asistentes, no entendían bien cuál era la Visión y Misión real de las empresas en las que trabajan y tampoco sabían definir la de las suyas propias. Por otro lado, no tenían bien claro cuáles eran sus propios sueños. ¿Como puedes liderar a un grupo de personas, si no tienes idea hacia donde quieres dirigirte?

SELECCIONAR: una de las fórmulas para obtener gente idónea está en saber seleccionar. Esta era una de las preguntas que más me hacían en los talleres: ¿Cómo tener gente idónea?, ¿Cómo contratar?, ¿en qué me apoyo para una buena selección?

DESARROLLAR: significa entre otras cosas, entender para lo que está hecho un líder y esto es desarrollar a las personas para que sean y se animen a ser nuevos líderes.

COMUNICAR: abrir canales de comunicación, establecer qué y cómo se comunica dentro de la organización y las áreas. Cómo comunicar los objetivos, Valores, la Cultura, y en general: Como Comunicar de manera efectiva y eficiente, entendiendo desde las diferentes perspectivas que las personas tienen de comprender el mundo, para llegar a ellos de manera asertiva y efectiva.

ESCUCHAR: La quinta competencia del Coaching, Saber escuchar; un líder por sobre todas las cosas debe saber escuchar, solo así puedes entender lo que pasa en tu área u organización y entender mejor a tu personal. Saber escuchar es ser Empático, es hacer sintonía, es comprender desde la mirada del otro como entiende su mundo. Es escuchar para entender y no escuchar para responder.

GESTIONAR: saber establecer objetivos que sean claros y entendibles por todos, gestionar a las personas y a los equipos para llevarlos a la conquista de las metas y seguir creciendo dentro de la sociedad como empresa, profesionales y personas.

EQUILIBRAR: mantener un equilibrio entre las actividades de la empresa y la sociedad, así como entre la vida laboral y personal de las personas que están dentro de la organización

AGRADECER: saber dar una palmada de aliento y agradecimiento por el esfuerzo, por estar allí en todo momento tanto momentos buenos como no tan buenos. Es demostrar humildad, nos hace más humanos. Genera una gran motivación y no cuesta nada.

Aquí está el modelo completo con las nueve dimensiones y sus tres subdimensiones respectivos:

GENERAR CONFIANZA

"Cuando la confianza es alta, la comunicación es fácil, instantánea y efectiva"

Stephen R. Covey

Uno de los principales y más importantes actividades del LIDER U-COACH, es el de generar confianza con las

personas que conforman el equipo. Generar confianza no se trata de salir con tu personal y ser buena gente con ellos. Se
trata de crear un lazo laboral y personal tal que te permita comunicarte de manera efectiva con las personas de tu equipo y que ellos sientan que pueden comunicarse contigo de manera sincera, transparente y honesta sin miedo a represalias, agresiones o indiferencia. La Confianza genera relaciones duraderas, de fuertes vínculos, y de respeto mutuo. Cabe resaltar que existe una línea muy delgada entre generar confianza y ser confianzudo, y muchas veces se confunden y si el líder cae en este juego puede perder el foco en los resultados del equipo, dándole más importancia a las relaciones sociales con las personas de su equipo que al logro de los objetivos.

Dentro del coaching, Generar Confianza esta destacada como la tercera competencia y es que, si el Coach no puede despertar y generar esa confianza con el coachee, no se podría trabajar y el coach debería hacerse a un lado y no seguir con el proceso. La generación de confianza debe darse desde el inicio de la relación entre coach y coachee.

Por otro lado, la confianza es la base indispensable para el trabajo en equipo, sin confianza entre las personas que lo conforman no existiría el trabajo en equipo, como muy bien lo define Patrick Lencioni en su libro: "Las cinco disfunciones de un Equipo".

Patrick Lencioni define este tipo de confianza como aquella en la que las personas son capaces de "desnudarse" una con otra sin sentir vergüenza. Es decir, que cada uno puede hablar abiertamente de sus aciertos y errores, sus fortalezas y carencias sin sentirse por ello débil o amenazado dentro del equipo.

¿Qué confianza existe en tu equipo?, ¿Qué haces para generar confianza entre tú y las personas de tu equipo?, ¿Cómo generas confianza?, ¿las personas de tu equipo sienten confianza mutua?

ESTABLECER CONFIANZA

"Aprender a confiar es una de las tareas más difíciles de la vida"

Isaac Watts

¿Cómo establecer confianza? En coaching creemos que para establecer confianza necesitamos crear un entorno seguro que contribuya al desarrollo de respeto y la escucha activa, demostrando interés genuino por las personas, de sus percepciones y de cómo ve el mundo, de su estilo de ser, respetando y conociendo sus fortalezas y sus carencias, demostrando integridad personal, honestidad y sinceridad. Establecer acuerdos claros y cumplir con las promesas acordadas en los tiempos pactados. Apoyando constantemente y motivando a atreverse, innovar, y que no tenga miedo a expresarse. Solicitando permiso con respeto para hablar y dar feedback.

Como ves se necesitan romper varios paradigmas de la típica relación líder-empelado, y no es fácil, pero si es posible si quieres llevar a tu equipo al siguiente nivel y convertirte en un LIDER U-COACH.

Para establecer confianza, el LIDER U-COACH debe ser autentico y tener confianza en sí mismo, para ello el LIDER U-COACH, debe auto conocerse, y sobre este aspecto hemos escrito en el primer paso para convertirte en

un LIDER U-COACH. Es importante también el manejo emocional que tengas, como se autorregula, y automotiva, así como el hecho de tener la capacidad de tolerar el fracaso. Al ser un LIDER U-COACH debemos entender que los resultados no son inmediatos, que este estilo de liderazgo se basa en el desarrollo de las personas, en creer en las personas, y desarrollar su potencial y esto no se da de la noche a la mañana, sino, más bien es un proceso que a largo plazo se obtiene resultados extraordinarios y un gran clima laboral.

Y así como el LIDER U-COACH, debe conocerse, para establecer lazos de confianza, el líder debe conocer también a cada miembro de su equipo, tal como lo mencionaremos en el capítulo de CONOCER.

Para empezar a conocer a los miembros de tu equipo te invito a que realices un check list sobre los temas que quieres conocer de las personas de tu equipo, y entablar una conversación con este check list como guía. Te aseguro que te sorprenderás de los resultados de estas entrevistas, y podrás reconocer en los miembros de tu equipo habilidades que quizás ni estabas enterado, historias que te sorprenderán e información que podrás utilizar para mejorar el clima dentro de tu área u organización, así como reestablecer quizás los roles, saber en quien apoyarte con mejores resultados para ciertas tareas, y así obtener un cumulo de mejoras dentro del equipo.

¿Qué sucede cuando existe confianza con tu equipo? De hecho, se genera un clima laboral excelente y se logran resultados extraordinarios. Pero también te ayuda a desbaratar posible robos o intentos maliciosos dentro de tu organización.

Aquí algunas estadísticas cuando se trabaja bajo el "paraguas" de la Confianza:

EN UNA CULTURA DE CONFIANZA SE VIVE CON:

74% MENOS DE STRESS

106% MAS DE ENERGIA

13% MENOS ENFERMEDADES

50% MAS DE PRODUCTUVIDAD

29% MAS DE SATISFACCION CON SUS VIDAS

76% MAS DE COMPROMISO

40% MENOS DE DESGASTE

Fuente: Harvard Business Review

Quiero compartir contigo un evento que me sucedió cuando era gerente de una tienda por departamentos hace muchos años atrás, y que gracias a esa confianza se pudo detener un robo impresionante dentro de la tienda. Una noche se me acerca una empleada y pide conversar conmigo, yo solía quedarme algunos días muy tarde en la oficina, avanzando temas administrativos, ya que la mayor parte del día me la pasaba en el piso de ventas verificando que todo esté bien, y aprovechaba también para conversar con los chicos en el piso de ventas para saber sobre sus necesidades e inquietudes y también atender a clientes. Esta chica me dijo que ella confiaba en mí, y lo que me iba a contar era muy delicado y que inclusive su vida podría correr peligro si se llegaba a saber que ella fue quien dio la información, obviamente le dije que podía confiar en mi completamente, así que me conto que estaban robando en la tienda. La modalidad era la siguiente, los módulos de atención al cliente tenían unos casilleros y cada casillero tenía una ficha con un número que lo identificaba, la idea de los casilleros era que el cliente pueda dejar allí sus cosas de otras tiendas para que compre con libertad dentro de la tienda, y cuando ya se iba de la tienda recogía a la salida los paquetes que había dejado en su casillero, entregando el número que la recepcionista, encargada del módulo de atención al cliente, le entregaba al inicio. Así que esta recepcionista lo que hacía era que en las noches ella cogía una ficha de un casillero y se la llevaba a su casa, ella le entregaba esa ficha a su primo, y este al día siguiente iba a la tienda a "pasear", mientas la recepcionista a la hora de ingreso había llenado una bolsa con varios artículos de la tienda y los depositaba en ese casillero, el cual el primo ya tenía la ficha. Para no abrir sospechas el primo después de pasar un buen rato por la tienda compraba cualquier artículo de menor cuantía, y lo pagaba, luego se dirigía a la recepción y solicitaba "su paquete" con la ficha y se retiraba. Ante los ojos del personal de seguridad todo estaba normal y no había nada sospechoso, ¡era el robo perfecto! Realmente sorprendentemente perfecto. Y nunca nos hubiéramos enterado si esta chica no nos lo hubiera contado. Ella me solicito absoluta discreción, y en realidad era muy delicado pues tampoco podía encarar nada de repente, porque este tipo de criminales toman venganza y le podrían haber hecho daño a la salida. Así que actúe con mucha discreción, le hable al jefe de seguridad y le solicite que el solo y sin compartir información con nadie en absoluto revise las cámaras y le haga seguimiento a esta recepcionista. Y así lo hicimos por 4 días y efectivamente todo lo que nos había contado sucedía. Así que decidimos actuar, sin que nadie se enterara, y cuando llego el primo, el jefe de seguridad le hizo seguimiento y cuando estuvo a punto de salir, le solicitamos a la seguridad de la puerta, que no sabía nada aun, que activara la alarma del sensor a la hora que este saliendo, y así los hizo, y tuvimos una excusa para detenerlo y revisar lo que llevaba. Este primo se puso nervioso, tiro todo y se fue corriendo de la tienda. En ese momento y con todo el material de las cámaras procedimos a detener a la recepcionista y luego ella le confeso a seguridad y nos llevó a la casa del primo, grande fue nuestra sorpresa al ver la cantidad de mercadería que tenía guardada y que habían sacado de manera sistemática de la tienda. A la chica que nos advirtió exponiéndose se le recompenso de manera confidencial nunca nadie se enteró, para todos fue seguridad quien hizo el seguimiento y los capturaron.

Si a esta chica yo no le hubiera generado confianza jamás hubiéramos podido coger a los delincuentes, y probablemente nos hubieran hecho mucho daño contablemente. La importancia de generar confianza con tu equipo trasciende barreras y genera lazos importantes en las relaciones humanas.

Una práctica interesante para romper el hielo entre los miembros de tu equipo e iniciar a generar confianza es realizar el siguiente ejercicio:

Se llama EL CIRCULO DE IDENTIDAD, y la idea es que en una de las reuniones que tengas con tu equipo, realicen el ejercicio, y propongas llenar, junto con las personas que conforman tu equipo estos tres círculos concéntricos. Esta es una manera divertida de conocernos un poco más, saber más de cada miembro del equipo y de esta forma también abrir las puertas para la generación de confianza entre todos nosotros.

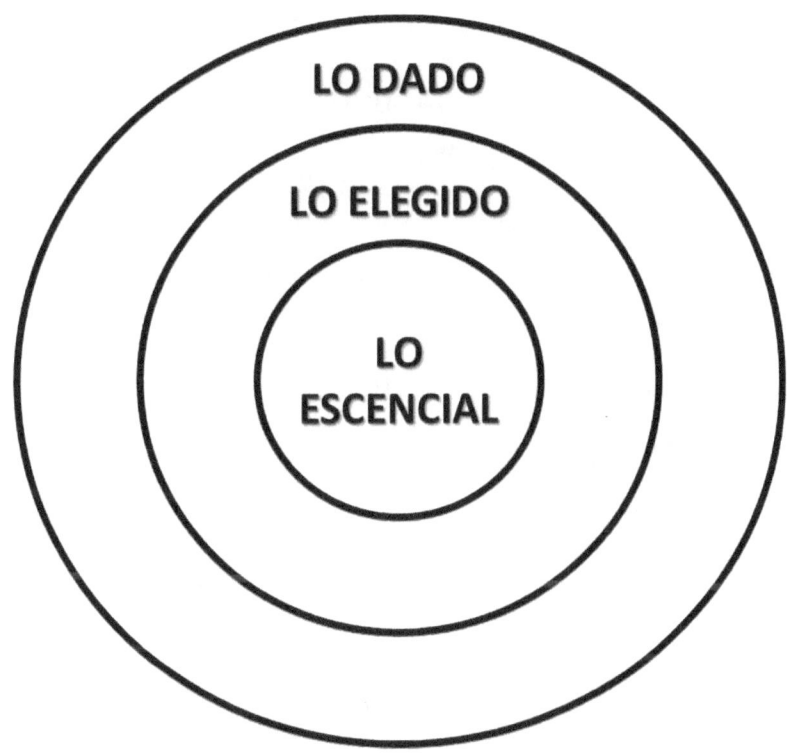

En lo DADO, debemos anotar todo aquello que nos fue dado, por ejemplo:

Me fue dado el sexo Masculino, yo no lo escogí.

Me fue dado, el lugar donde nací, yo no lo escogí,

Me fue dado vivir en mi infancia en tal vecindario

Me fue dado ir al colegio "Tal", lo escogieron mis padres

Me fueron dados mis hermanos,

Me fue dada la religión "X", yo no la escogí

Y así, puedes anotar todas aquellas cosas que recuerdes te fue dado.

En lo ELEGIDO, anota todo aquello que tú ya elegiste como, por ejemplo:

Yo elegí, seguir la religión "A"

Yo elegí ser un deportista en Tae Kwon Do

Yo elegí casarme con mi pareja

Yo elegí mudarme a "Tal" vecindario

Yo elegí estudiar tal profesión

Y así vas llenando con las elecciones que has tenido en tu vida

En lo ESENCIAL, anota todo aquello que consideras te hace único, como tus habilidades, talentos, fortalezas, como, por ejemplo:

Lo esencial en mi es:

La responsabilidad

Soy creativo

Soy sociable y extrovertido

Soy analítico

Soy ético

La idea es anotar unas cinco o seis temas esenciales de ti.

Empieza tú exponiendo tus resultados, y luego que cada miembro del equipo siga tus pasos siguiendo las exposiciones.

Lo interesante es que se generen preguntas de "curiosidad" mientras se va exponiendo. Por ejemplo, podemos preguntar: ¿Por qué se te ocurrió estudiar esto o aquello?, ¿Qué te hubiera gustado estudiar aparte de eso?, ¿Qué otro deporte prácticas, o te gustaría practicar?, o ¿Dónde te hubiera gustado nacer, o vivir?, etc. La idea es crear conversación sana y divertida, para conocernos mejor y a mayor profundidad, abrir los canales entre todos.

Espero lo puedas poner en práctica y te diviertas haciéndolo, así como lograr conocer mejor a tu equipo.

¡Éxitos!

PRESENCIA DEL LIDER

"Vive la vida como si nadie estuviese mirando y exprésate como si todos estuviesen escuchando"

Nelson Mandela

El LIDER U-COACH, tiene que ser un líder coherente con lo que hace y dice. Ser coherente significa dar el ejemplo en todo momento, pues recuerda que tienes muchos "ojos" mirando lo que haces y escuchando lo que dices; viendo como imitarte, tanto lo que haces como lo que dices. Debes tener cuidado con lo que dices y como lo dices, porque la forma como dices las cosas tiene un impacto en las personas, no solo se trata del mensaje, si no del "cómo" lo entregas.

Ese "como", es justamente, tener presencia como líder y la habilidad de estar totalmente consciente de tu ser y crear una relación espontánea con las personas de tu equipo, empleando un estilo abierto, flexible y confiable. Saber que cuentan contigo y tú con ellos es importante para el desempeño en general del equipo y el logro de los objetivos. Debes generar espontaneidad en las relaciones con el equipo, el uso del sentido del humor, y el atreverse a hacer cosas innovadoras, inspirar al equipo con una buena actitud y crear así un clima laboral agradable, con sentido del humor, y espontaneo.

Con la presencia del líder, obtenemos un equipo consolidado, creativo, y predispuesto a actuar bajo cualquier circunstancia por contradictoria que parezca y donde los miembros del equipo se sienten respaldados y seguros.

Es, lograr el binomio: "Mi Líder para Mí, y Yo para Mi Líder", es decir, esto se logra cuando la Confianza es alta, cuando el equipo siente que su líder esta allí para protegerlo pase lo que pase y que frente a cualquier "amenaza", el líder no les va a dar la espalda, ni echar culpas, y que por el contrario sacara la cara por todos ellos. Entonces el equipo frente a esta actitud y respaldo del líder responde de la misma manera: "Protegemos a nuestro líder". Esta relación se forma dentro de lo que Simón Sinek denomina en su libro "Los Lideres comen al final", el "Circulo de Seguridad". Los líderes deben crear estos círculos de seguridad, solo así los equipos trabajaran con plena confianza y libertad, sintiéndose respaldados y tranquilos; dando lo mejor en cada momento, dando esa "milla extra".

Son años que laboré liderando equipos en tiendas, y muchas anécdotas de las que aprendí y entendí que significa ser un líder, cometí errores y aprendí a corregirlos, y aun sigo aprendiendo, siempre se aprende. Una anécdota referente a la presencia del líder, que quiero compartir contigo, me sucedió un enero del año 1996, recuerdo el mes puesto era la época de los inventarios de fin de año, y los realizábamos siempre los primeros días de enero aprovechando que no teníamos tantas ventas, pues la gente estaba en las playas disfrutando.

En esa época hacíamos por lo general dos inventarios al año, una a mitad de año y otro a fin de año, habíamos iniciado operaciones en el año 1994, y ya habíamos realizado para ese entonces 5 inventarios, y algunas inauguraciones de tienda, por lo que los chicos sabían bien como era el trabajo, es decir, había que entrar y quedarse en la tienda desde las 7:00 am de ese día y empezaba el inventario y no nos íbamos hasta terminar, que podía ser hasta el día siguiente a las 10:00 am o más tarde inclusive. El gerente, en este caso yo, entraba al igual que todos ellos, y me quedaba hasta terminar. Si era un trabajo agotador, y que demandaba mucha energía y ganas, y por lo menos estábamos hasta 36 horas seguidas trabajando. No todos hacían inventario, era un equipo selecto que ya conocía muy bien la estructura y el proceso completo. Este equipo con experiencia era especial y teníamos que engreírlos para que estén motivados y quieran trabajar a ese ritmo. Una de las formas de engreírlos era comprando mucha comida deliciosa, para que coman y tengan fuerzas. Por lo general les comprábamos a cada uno medio pollo al espiedo (a la brasa, aquí en Peru) con papas y ensalada, aparte les dábamos gaseosas y galletas por cantidades, no escatimábamos en eso, con tal que estén contentos y hagan ese trabajo tan pesado y que necesita mucha precisión. La organización del inventario siempre estuvo a cargo de nosotros los gerentes de tienda, sin embargo, en esta oportunidad se le dio la organización del inventario al departamento de contabilidad y finanzas para no cargar al gerente. Llego la hora de iniciar el inventario, y se había programado la cena para todo el equipo para las 11:00 pm como de costumbre, yo recuerdo que salí un momento con el gerente de operaciones a cenar a la calle esa vez porque queríamos conversar de un tema en particular. A eso de las 11:30 pm recibo una llamada del gerente de finanzas, y me dice: "Salvador tienes que venir ¡URGENTE!, ha pasado algo grave", así que deje al gerente de operaciones para que pague y yo salí "volando" a mi tienda, no me imaginaba que podría estar pasando, era muy desconcertante que no me quiso decir por teléfono que pasaba. Así que cuando llego el gerente de finanzas me dice, que los chicos estaban "atrincherados" en el baño y no querían hacer el inventario. No entendía, lo primero que dije fue ¡QUEEEEE!, ¿por qué?, ¿Qué paso?, y el no supo darme respuesta. Así que, dentro de mí y muy asustado, fui al baño donde estaba todo el equipo de inventario, chicos y chicas, efectivamente sentados sin querer moverse para nada, así que me armé de valor y los enfrente, porque no entendía el por qué estarían con una reacción así. Y les pregunte: ¿chicos que está pasando?, ¿Por qué no quieren trabajar?, y uno de ellos me dice que se sentían insultados, y abusados... yo seguía sin entender, y le pregunte.

¿pero qué paso?, ¿por qué se sentían así?, y me contaron que les dieron de cenar un combo de hamburguesa con papas y una gaseosa, pero todo tamaño junior, mini y me dijeron que eso era una burla, y efectivamente ellos estaban acostumbrados a comer medio pollo con papas y ensalada y esta vez les dieron un "menú" para niños. Y claro, no querían trabajar, y se habían encaprichado en no trabajar. Así que les expliqué que esta vez fue el departamento de contabilidad y finanzas quienes habían realizado la organización del inventario, y que eso escapaba a mis manos, les dije; esta es la tienda que yo dirijo y tengo que hacer el inventario, y que necesitaba de ellos. Sin embargo, seguían en su posición, así que les dije que yo me encargaría de que el desayuno sea totalmente compensatorio y que por favor me ayuden, que entiendan que hubo un error por parte de los organizadores, y que esta vez yo necesitaba de ellos, y necesitaba que ellos me ayuden, y que pase lo que pase, yo iba a empezar a continuar con el inventario, y ¿quienes querían, podían seguirme?

Así que una vez que dije quienes quieren seguirme, se paró uno de los chicos, luego otro, y luego todos, y al unisonó me dijeron: "lo hacemos por ti Salvador, y confiamos que el desayuno va a ser suculento", a lo que les dije: "¿alguna vez les he fallado?, ¡solo confíen en mi como lo han venido haciendo!", y así fue, todo salió bien, y claro el desayuno fue con todo lo que ellos quisieron.

Generar confianza con el equipo, y la presencia del líder generan lazos únicos y de relaciones tan fuertes que pueden vencer cualquier barrera en el camino para poder llegar a tus objetivos y tener resultados extraordinarios. Yo había formado sin querer, esos "Círculos de Seguridad" que Simón Sinek menciona en su libro, y que me ayudaron a salir de una situación delicada en su momento.

RESPETO

"No hay nada más despreciable que el respeto basado en el miedo"

Albert Camus

Un LIDER U-COACH, maneja a su equipo en un ámbito de confianza y no de miedo. Por eso el respeto es un valor que el líder debe tener presente.

El respeto es uno de los valores morales más importantes del ser humano, es fundamental para lograr armonía, paz y equidad en la sociedad. Una de las premisas más importantes sobre el respeto es que para ser respetado es necesario saber o aprender a respetar, a comprender al otro, a valorar sus intereses y necesidades, a entender la percepción del mundo de las personas, porque cada persona tiene un mapa mental único y exclusivo y ve el mundo de diferente manera. En este sentido, el respeto debe ser mutuo, y nacer de un sentimiento de reciprocidad.

Ahora bien, el respeto también debe aprenderse, y es nuestra responsabilidad como padres, primero, y como líderes de personas enseñar el respeto, puesto que hoy en día es algo que ya no se practica como se hacía el siglo pasado, cada vez nos encontramos en una sociedad donde este valor se va perdiendo. Respetar no significa estar de acuerdo en todos los sentidos con otra persona, sino que se trata de no discriminar ni ofender a esa persona por su forma de vida, su religión, su orientación sexual y sus decisiones, siempre y cuando dichas decisiones no causen ningún daño, ni afecten o irrespeten a los demás.

Respetar también es ser tolerante con quien no piensa igual que tú, con quien no comparte tus mismos gustos o intereses, con quien es diferente o ha decidido diferenciarse. El respeto a la diversidad de ideas, opiniones y maneras de ser es un valor supremo.

Los líderes deben mostrar respeto por las personas de su equipo, enseñar a respetar y mostrar un interés sincero por ellas, donde se les de las herramientas necesarias para lograr los objetivos, y trabajen en un ambiente psicológicamente sano, que promueva la equidad, y la meritocracia. Un lugar donde puedan expresarse respetuosamente, y se les escuche efectivamente.

CONOCER

"Hay tres cosas extremadamente duras: el acero, los diamantes y el conocerse a uno mismo".

Benjamín Franklin

En mis talleres y en las sesiones de coaching que he participado, existía un denominador común en la mayoría de los asistentes, no entendían bien cuál era la Visión y Misión real de las empresas en las que trabajan y no sabían definir, siquiera la de las suyas propias, en varios de los casos. Por otro lado, las personas allí presentes no tenían bien claro cuáles eran sus propios sueños. Tenían alguna vaga idea sobre lo que querían, sin embargo, no estaba bien definido, estipulado o detallado. ¿Como puedes liderar a un grupo de personas, si no tienes idea hacia donde, tú mismo quieres dirigirte?, ¿tu seguirías a un líder que no sabe a dónde se dirige?, ¿seguirías a un líder que no tiene sueños o metas definidas y claras?, ¿seguirías a un líder que se deja llevar por lo que sucede en el día a día?

Estoy seguro de que tu respuesta es definitivamente ¡NO! Y qué pasaría si te dijera lo siguiente: ¿y si ese líder fueras TÚ?, ¿Cuál sería tu respuesta?, ¿Qué me dirías?, ¿Cómo te sientes con estas preguntas?

Quizás no te sientas muy cómodo o no sepas que responder, pues en realidad es natural que la mayoría de nosotros no tengamos claro lo que queremos, hacia donde queremos ir, o cuales son nuestros verdaderos objetivos personales, profesionales, etc. o quizás si lo tenemos claro, pero solo lo tenemos en nuestro pensamiento, lo sabemos, lo hemos pensado y por lo tanto no sentimos que seamos ese tipo de líder que no sabe cuáles son sus sueños.

Alguna vez te ha pasado que te encuentras con alguien que no ves tiempo, y quedan en tomarse un café en "uno de estos días", estoy seguro de que ¡sí!, y cuéntame ¿cómo te fue?, ¿concretaron el "café", lograron juntarse?

Quizás la mayoría de nosotros respondamos, que se nos pasó, y la verdad que ese día o nunca llega o llega, pero bien tarde, ¿correcto?

Bueno lo mismo sucede cuando nuestros sueños se encuentran en nuestros pensamientos, el día a día, las actividades rutinarias, las actividades extraordinarias y todo ello, nos van distrayendo y desenfocando de nuestros sueños y metas por lo que lo vamos aplazando o dejando para "más tarde", y finalmente o bien nos toma más tiempo de lo planificado o bien nunca llega.

Es por ello la importancia de tener nuestros sueños y metas bien claros y puestos en "blanco y negro", es decir escritos, establecidos en un papel, cartulina, hoja, salvapantalla donde podamos verlos constantemente, que nuestro cerebro recuerde a diario y "vea" nuestras metas. Bien dice el dicho: "VER PARA CREER", si no lo veo, no lo creo, si mi cerebro no lo ve, no lo va a creer, y por lo tanto no lo va a procesar ni entablar acción hacia esas metas.

Te sugiero primero definir clara y detalladamente tus metas, luego escríbelas, o dibújalas o imprímelas en una hoja, cartulina, y que sea asequible a tu vista diariamente. De esta manera todos los días, mañana, tarde y noche podrás verlo y tenerlo en cuenta para que no se te pase cuál es tu "Norte"

CONOCERSE A SI MISMO

"Ni siquiera el mejor explorador del mundo hace viajes tan largos como aquel hombre que desciende a las profundidades de su corazón".

Julien Green

¿El destino de las personas es un tema de azar, de D-os, de tus padres o cada uno decide hacia donde quiere ir?

Descubriendo tus sueños:

Estarás de acuerdo en que cada uno lo decide y no es un tema del azar, sin embargo, las personas nos dedicamos a buscar culpables de nuestro destino, para evadir cualquier tipo de responsabilidad sobre la construcción de nuestro futuro, como por ejemplo a echarle la culpa a D-os, o, a nuestros padres o, quizás a tu pareja.

Cuando hacia la pregunta: ¿Conoces tus sueños?, la respuesta era contundente, todos conocían sus sueños, todos sabían cuáles eran sus sueños. Entonces empezaba aleatoriamente a pedirles que me contaran sus sueños, y esto es lo que sucedía:

Había personas qué decían que su sueño era terminar su carrera, otros me decían hacer una maestría, otros decían que querían un auto, otros una casa propia, viajar, en fin, sueños.

Si analizamos los sueños, tú podrías decir que sí tienen sentido y están bien pensados. Sin embargo, son sueños que

no tienen fechas límites, no tienen detalles, ni forma, no existe una estrategia contundente.

Déjame poner el siguiente ejemplo: Imagínate que tú eres un experto en cartografía naval y eres contratado por una naviera importante, muy grande, que lleva buques de carga de un continente a otro. Imagínate ahora que te encuentras en el puerto de Shanghái-China y el buque está por salir en unos días por lo que le preguntas al Capitán: *¿hacia dónde nos dirigimos?* y él te responde: *¡Nos dirigimos hacia América!*; ¿Con esa información tú podrías trazar una ruta para el buque?; ¡De echo que no!. Porque América es muy grande, y le dirías entonces al Capitán: *pero América está compuesta por Norteamérica Centroamérica y Sudamérica*, el capitán diría: *si* *discúlpame, nos dirigimos a Sudamérica.* ¿Con esa información podrías trazar una ruta para el barco?. La respuesta sigue siendo la misma: ¡tampoco! Le dirías al Capitán: *¿pero capitán qué parte de Sudamérica la parte que está por el Océano Atlántico la parte por el océano Pacífico?*, a lo que el capitán te dice: *Oka nos vamos a Sudamérica por la parte del océano Pacífico.* ¿La respuesta es correcta?, ya podrías trazar un plano cartográfico para que el buque pueda iniciar su marcha desde Shanghái-*China?;* ¡No, verdad! Entonces le dirías: *capitán, pero en Sudamérica por la parte del Pacífico está Colombia, Ecuador, Perú, Chile, ¿a qué parte?*, el capitán responde: *tiene razón nos dirigimos a Perú en Sudamérica.* La respuesta es correcta y probablemente sea un poco más correcta que las anteriores, sin embargo, no puedes trazar un plano porque dentro de Perú inclusive hay varios puertos, por citar algunos: Puerto Salaverry, el Puerto de Ilo y el Puerto de Callao. Cuando el Capitán diga: "nos vamos a Perú Sudamérica puerto Callao", entonces es allí, recién cuando tienes toda esa información que tú puedes trazar un plano cartográfico por dónde va a ir el buque y dentro de ese plano tienes que contemplar tener un plan "B", para poder sortear los obstáculos que podrían presentarse. Lo mismo sucede cuando nos encontramos frente a nuestros sueños u objetivos, decir: "quiero hacer una maestría" responde: ¿en dónde la vas a estudiar?; ¿cómo la vas a estudiar: presencial, semipresencial u online?; ¿Qué tipo de maestría vas a hacer?; ¿en qué te quieres especializar?; ¿en cuánto tiempo la vas a hacer?; ¿qué tiempo le vas a dedicar?; ¿cuánto vas a invertir?; Mientras más detallada tengas la información, más fácil conseguirás tu sueño. Si me dices que tu sueño es tener una casa propia, lo primero que te pregunto seria: ¿en qué parte del planeta tierra?; ¿Qué país?; ¿qué ciudad?; ¿qué vecindario? Ahora digamos si tú eres soltero y no te quieres casar, y no quieres tener familia probablemente un departamento de 30 metros cuadrados sería suficiente. Pero si quieres tener una familia de dos o tres hijos necesitas un departamento con: 3 dormitorios, cocina-comedor 2 estacionamientos, etcétera. Lo que te quiero decir, tal como en el ejemplo del barco, mientras más detallado sea tu sueño, mayores probabilidades de alcanzarlo tendrás, pues podrás dibujar o trazar la ruta exacta hacia tu sueño.

En uno de mis talleres los asistentes me retaron y me dijeron: ¿qué tan factible es el sueño de ir al Mundial de Qatar 2022?, Para Junio del 2022 faltaban prácticamente 3 años y entonces empezamos a detallar cada punto sobre el viaje, desde el pasaje, la estadía donde seria, (escogimos Air B&B), cuantas entradas deberíamos comprar, si vamos a hacer algún paseo turístico, si vamos a comprar souvenirs, los viáticos, las movilidades, etcétera. Luego de tenerlo bien detallado, a sacar los cálculos de todos los gastos que en lo que deberíamos incurrir y llegamos a la conclusión que se necesitaba una inversión de aproximadamente US$7,000.

Aquí en el Perú una persona que trabaja normalmente recibe 14 sueldos al año y en promedio una persona que gane US$500.00 al mes, calculamos que ahorrando aproximadamente $100 mensuales y más esos dos sueldos extras al año, La persona podía cumplir su sueño!! entonces los asistentes se quedaron perplejos no podían creerlo porque se dieron cuenta que si era factible lo que pensaron en un momento que era imposible lograr.

A veces uno lanza un sueño, solo como interés de lograrlo, pero si realmente le pones empeño, lo detallas y está bien definido sin dejar margen de albedrio, y te comprometes a lograrlo, las cosas se ven mucho más fáciles y asequibles y es entonces donde tu sueño se hace realidad.

Y tú, ¿qué sueño tienes? y ¿qué tan detallado es tu sueño? Tómate unos minutos y ponte a pensar en todos los sueños que tienes y dime si están bien detallados o no están bien detallados y ponte a detallarlos con toda la minuciosidad posible.

¿Hay diferencia entre lo que pensabas al inicio y ahora que has definido tus sueños?

DESCUBRIENDO TUS FORTALEZAS

"Nadie debería ser nombrado para una posición directiva si su visión se enfoca sobre las debilidades, en vez de sobre las fortalezas de las personas."

Peter Drucker

Esta frase de Peter Drucker tiene mucho sentido, puesto que la mayor parte de nuestro tiempo estamos preocupados en corregir aquello que esta débil en nosotros y olvidamos o dejamos de lado nuestras propias fortalezas. No digo que este mal querer corregir nuestras debilidades, o mejorar esas áreas que se encuentran flojas en nosotros, pero es mejor enfocarte en tus fortalezas para que estando empoderado y creciendo por ese lado, puedas ir gestionando tus debilidades.

Te preguntaría lo siguiente: en el mundo ideal, ¿Qué es lo que más te gustaría hacer?; ¿con quién te gustaría hacerlo?; ¿cuándo y dónde te gustaría hacerlo?

Te has puesto a pensar si tu vida fuera perfecta; ¿cómo sería?; ¿dónde estarías? y ¿qué estarías haciendo?

A veces no nos damos cuenta ni somos conscientes de cuál es nuestro potencial, nuestras fortalezas, que huella dejamos en la gente debido a ese potencial. ¿Te interesaría conocer tu potencial?

¡¡Te invito a realizar el siguiente ejercicio para conocerse un poco mejor y más!!

Piensa en dos amigos del colegio, y escríbeles preguntando lo siguiente: ¿cómo te recuerdan?, ¿qué es lo que más apreciaban de ti?; ¿cómo te veían en aquel entonces?, ¿cuáles piensan ellos que eran tus fortalezas? Luego anota las respuestas en una hoja. Coge otra hoja y has las mismas preguntas a tus compañeros de clase de la Universidad o instituto, y repite el desarrollo; luego hazles las mismas preguntas a dos compañeros de un algún antiguo trabajo tuyo, sigue y hazles las mismas preguntas a familiares, como por ejemplo a un primo o, a una prima, a un tío o, a una tía, y finalmente hazle las mismas preguntas a uno o dos compañeros de tu actual trabajo. Una vez que termines con todas las encuestas, lee las respuestas de todas las hojas y has un resumen en otra hoja, te sorprenderás muchísimo con las cualidades en común qué descubrirás y puedes ir sacando. Esta es una forma práctica y rápida en conocer tus fortalezas. La idea es que poco a poco vayas armando tu perfil completo con tus fortalezas, tus sueños y objetivos bien detallados y hacia dónde quieres ir.

El siguiente cuadro te podrá ayudar a trabajar tus objetivos por áreas:

Objetivos Materiales: ejemplos: casa, auto, posesiones materiales en general.

Reconocimientos: Como quieres ser reconocido, hacia donde estas apuntando al respecto, por ejemplo, ser reconocido como un excelente deportista, autor de un libro, Coach, Líder, etc.

Objetivos de Pareja: que deseo lograr respecto de mi relación de pareja. También puedes definir tus objetivos respecto a tus relaciones amicales.

Familia: que deseo conseguir respecto de mis relaciones familiares, con mis hermanos, hijos, etc. Viajes: cuales son mis objetivos de viajes, a donde quiero ir, conocer o visitar.

Espiritualidad, Mentoría, Guía: cuales son mis propósitos y que deseo lograr en estos campos.

Negocios / Economía: que quieres conseguir, hasta donde deseas llegar, realista y retadoramente hablando.

Salud: cuáles son tus objetivos en este tema, que planeas hacer para cuidar de tu salud. Por ejemplo, hacer ejercicios, realizar chequeos médicos regulares, etc.

Utiliza este esquema como base, puedes agregar o quitar aristas, lo importante es que lo tengas definido, escrito o también puedes alternar con figuras, fotos de lo que te gustaría lograr, de cómo te estás viendo o te gustaría verte o de cómo se verían las cosas cuando las logres. Puedes hacer un lindo cuadro y tenerlo siempre contigo. Espero que disfrutes hacerlo y te deseo un viaje lleno de éxitos.

CONOCER LA ORGANIZACION

"Donde hay una empresa de éxito, alguien tomó alguna vez una decisión valiente".

Peter Druker

Conoces a tu empresa, ¿sabes cuál es la visión de la empresa en la que trabajas?, ¿sabes cuál es su misión?, ¿qué significa esa misión?, ¿cómo se relaciona la misión de la empresa con la sociedad y con los individuos de la sociedad y con la gente que trabaja dentro de ella y con los clientes?, ¿Cuáles son los valores de la empresa y como impactan en los empleados y clientes?, ¿Cuál es la propuesta de valor? Son algunas preguntas que podrías hacerte para entender el propósito de las empresas. Y si tú eres el dueño o accionista principal de tu empresa ¿hacia dónde la quieres llevar? ¿cómo es esa visión?, ¿cómo te imaginas a tu empresa de aquí a 10, 15 o 20 años?, ¿en dónde estarás?, ¿cuánto habrás crecido?, ¿hasta dónde quieres llegar?, ¿cómo se va a relacionar con la sociedad para lo cual estás creando esa empresa?

¡Claro me vas a decir que la creas para ganar dinero! y ¿cuál es la promesa de valor que tu empresa entrega a la sociedad? Hoy en día las sociedades piden empresas ecológicas, con valores como la inclusión, la igualdad o equidad, protección al medio ambiente, entre otros.

Entonces, ¿has revisado tus enunciados de VISION – MISION – VALORES?, ¿Como te sientes con esos enunciados?, y ¿has revisado tu propuesta de valor?

A veces es necesario revisar nuevamente todo esto y reconstruirlo, las sociedades cambian, la única constante en este mundo globalizado es EL CAMBIO, y si no nos adaptamos a los cambios que exigen las sociedades respecto de las empresas que brindan productos o servicios, las empresas tienden a desaparecer, y de eso hay muchos casos hoy en día, empresas gigantes que están desapareciendo por no adaptarse.

Uno de los casos más sorprendentes que observamos en los campeonatos de football, es que jugadores que son estrellas en sus equipos de football, meten goles, son un espectáculo verlos jugar, de pronto llegan a jugar en su selección y lo que vemos es nada, ¡aquí no pasa nada!! Prácticamente anulados. ¿Qué pasa?, ¿Por qué no juegan como lo hacen en sus equipos? Y una de las explicaciones tiene que ver con las diferencias de cultura entre su selección y su equipo, estas son diferentes, están adaptados a una más que a otra, y se sienten perdidos o desorientados, no "encajan" con esa otra cultura. Porque cada cultura se basa en valores, y lo que falla no es el jugador si no más bien los valores del jugador con respecto a los valores de esa nueva cultura o club que lo está acogiendo.

Por ello no solo adaptarse es importante, sino también a quienes contratas para que ingresen a tu empresa. ¿Se trata acaso de contratar a cualquiera?, ¿Qué buscas en una persona para que trabaje en tu empresa?, ¿quieres contratar al mejor?,

¿se podrá adaptar a tu cultura?, ¿tendrá los valores que necesitamos en la organización para el logro de los objetivos?

Las personas que contrates deben tener esa actitud con la que tu deseas se tomen las cosas en tu empresa, y tienen que estar alineados a esa Visión, a esas Misión y Valores que has diseñado. Tienen que gustarles y sentir la misma emoción que tú, por lograr alcanzar las metas. No todos están diseñados para ingresar a tu empresa y deben ser personas que se ajusten a la cultura de la empresa, porque de lo contrario si esa persona no se ajusta a la cultura de la empresa no va a rendir bien y por lo tanto no vas a lograr los resultados esperados ni el crecimiento que deseas, como en el football.

Por eso es importante que definas bien tu cultura y la mantengas solida en el tiempo, para que no nazcan subculturas, y traigan abajo la tuya. Y para armar una buena cultura, tiene que estar bien diseñada. La cultura es el sistema de creencias y valores que la organización mantiene y que conduce a acciones que influencian las relaciones. La cultura debe ser clara para todos, debe estar bien definida, orientada a cumplir las metas, y el éxito de la organización. Una cultura debe tener: Lenguaje y Símbolos Costumbres, historias y tradiciones, Valores compartidos, Estándares de Calidad, Comportamientos y creencias, Ósea la filosofía bajo la cual tomamos todas las decisiones.

La construcción de una buena cultura, y gente que este alineada a ella te garantiza un clima laboral de excelencia y el logro de resultados más allá de lo ordinario.

Rol e importancia de la Cultura Organizacional

Para construirla adecuadamente, primero debes tener en cuenta la visión estratégica de la empresa, a donde quieres llegar con tu empresa. La visión tiene que ser lo más clara posible, lo más precisa, detallada para que todos podamos entenderla y también visualizarla. Luego tenemos que definir los valores que necesitamos para lograr esa visión, valores que nos van a llevar a ella, valores sobre los cuales nos pondremos en acción hacia el logro de la visión. Tenemos que entender entonces que las personas que trabajen con nosotros deben estar alineadas a estos valores, deben querer los valores, y deben tomar acción con los valores. Solo la alineación de todos con los valores y trabajar sobre estos valores nos aseguraran el éxito de llegar a la misión y objetivos estratégicos que nos hemos propuesto.

Los valores nos aseguran una cultura orientado a lograr resultados, más allá de lo ordinario, resultados extraordinarios.

Una cultura basada en valores es la diferencia entre lograr los objetivos estratégicos y no lograrlo. El reto de los lideres es que deben ser los primeros en mantener y vivir los valores culturales de la organización. por eso la importancia de que el líder se conozca, y conozca sus propios valores y que tanto están alineados con los valores de la organización.

CONOCER A LAS PERSONAS

"La máxima virtud de un príncipe es conocer a los suyos".

Marco Valerio Marcial

Me gusto la frase, pues es correcta, la máxima virtud de un líder es conocer a su gente. Conocí a un Gerente General de una empresa, que por increíble que parezca cada vez que visitaba las diferentes áreas o sucursales del negocio él se acordaba de los nombres de todas las personas con las que tenía contacto. La gente lo admiraba y quería mucho, y lo consideraban un excelente líder, de echo conducía el negocio de una manera extraordinaria y lo llevaba a grandes resultados, mientras la empresa estuvo bajo su mando, logro posicionarse como la numero uno en su rubro.

Pero eso pasa muy poco, los líderes de ahora creen que conocen a su personal porque trabajan juntos 300 días al año, saben cómo se llaman, quizás donde viven y cuando es su cumpleaños (en algunos casos) y hasta probablemente sepan algo de la vida personal de alguno de ellos, y con eso dicen que efectivamente conocen a su personal.

Pero ¿por qué sería tan importante conocer a las personas que conforman tu equipo?

Tengo dos respuestas a esta pregunta:
La primera, lo necesitas para poder motivarlo efectivamente, de hecho, si no conoces bien a la persona, ¿cómo podrías hacer para motivarla?; y para que obviamente funcione bien
la propuesta del U-COACH, ya que tiene que ser Única y personalizada.

Por otro lado, como puedes armar tu equipo si no conoces bien a las personas, como puedes asignar roles, definir responsabilidades, y tareas. Imagínate que eres elegido entrenador de football, por las familias del vecindario para que entrenes al equipo de niños. Así que el primer día los vecinos te llevan a sus hijos a la cancha donde van a entrenar, y claro todos los padres están emocionados para ver jugar a sus hijos, ¡¡¡y todos los niños quieren meter goles!!! La pregunta de oro: ¿Qué haces primero?

Tendríamos que conocer sus habilidades, y destrezas, que les gusta hacer más y que les gusta menos. Solo conociéndolos bien podemos lograr armar el equipo de football para que tenga éxito, no hay otra forma.

Bajo esta premisa de conocer para motivar y conocer para asignar los roles, responsabilidades y tareas es que te pregunto, ¿Cuánto conoces a tu personal? Una tarea que suelo pedir en los programas de liderazgo es que hagan un check list con preguntas que nos servirán para conocer mejor a las personas de nuestro equipo. Algunas preguntas que te pueden ayudar son las siguientes:

Quienes son, es decir sus datos completos como fechas especiales, cumpleaños de él, sus hijos, su pareja, etc., fechas de aniversario, donde vive, con quienes vive, en que colegio y que grados están sus hijos, quienes trabajan en casa, nombres de las personas con las que vive.

Que hacen, como por ejemplo que hobbies tienen, que hacen en sus días libres, que es lo que más les gusta hacer, que es lo que menos les gusta hacer, que deportes realizan.

Preferencias, cuál es su comida preferida, su postre preferido, o cual no le gusta para nada, si tienen alguna alergia, hincha de que equipo es, música preferida.

Laboralmente, porque trabaja con nosotros, que es lo que más le gusta de su trabajo, que es lo que menos le gusta de su trabajo, como considera el que es su desempeño, está dando el 100%, podría dar más. que necesitaría para mejorar su desempeño, que es lo que más le gusta de "mi" liderazgo, que le gustaría que yo (Líder) mejore, que haría en mi lugar.

En fin, la lista para la entrevista la debes adaptar a tu conveniencia, y ten en cuenta que mientras más conozcas de tu empleado mejor conectado estarás con él, abrirás una ventana de confianza y podrás mejorar el desempeña de cada uno de ellos.

Cuando uses el Check List que has preparado, la idea es que cuando estés con él, no lo leas como una encuesta para responder, sino más bien que lo hagas de una forma que parezca una conversación amable y casual, esto genera mayor valor a la entrevista y serás mejor apreciado por tu empelado. Abre un file para cada uno y anota todas las ideas y respuestas de tu entrevista.

Una de las anécdotas que recuerdo al respecto, y que hasta ahora cada vez que la pienso siento una gran emoción, fue que después de explicarles y ver los ejemplos de preguntas, con el equipo de futuros líderes que estaba preparando para una empresa en expansión, les solicite que realicen las entrevistas. A los 15 días que regresamos para continuar con el programa les pregunte como les había ido con las entrevistas, después de compartir algunas historias, uno de ellos me conto la siguiente: había llegado a su oficina un lunes muy temprano en la mañana, la idea era revisar todos los pendientes y de paso los files de cada persona a la que había entrevistado. Leyendo los files se percató que una de las personas de su equipo tenía un hijo que cumplía 3 años esa semana el viernes. Así que, al empezar la rutina diaria, este líder se acerca a esta persona de su equipo y le empieza a conversar y le comenta que sabe que el viernes es cumpleaños de su hijo (le dijo el nombre del hijo, porque lo tenía anotado), y que emocionante que cumpla ya 3 años. Me comenta el líder en pleno discurso que la persona de su equipo se quedó helado mirándolo con los ojos abiertos, pues no entendía cómo se acordaba de ese detalle. Pero allí no acaba todo, yo le pregunte y que hiciste luego de decirle lo del cumpleaños de su hijo, este líder me contesto, que le dijo, que tu hijo cumpla 3 años es maravilloso y no quiero que te pierdas un solo segundo con él por ese día, así que te pido que te lo tomes libre, la persona de su equipo casi llora de la emoción. Y yo le pregunte ¿y que paso? A lo que el líder me contesto: Salvador..., "HULK" (el hombre verde gigante de los comics), se quedaba chiquitito al lado de él, de cómo trabajo esa semana, y lo mejor de todo es que todo el equipo se contagió, fue algo alucinante y espectacular ver lo super motivados que estaban todos. Pienso, como una pequeña acción de preocupación y empatía hacia el otro, puede generar un impacto tan positivo y energizante que lleva a resultados realmente super extraordinarios.

Todos le aplaudimos en el aula que estábamos por ese logro. Claro ahora este líder tenía una responsabilidad mayor: que era que no podía, a partir de la fecha, olvidarse de ni un cumpleaños de ni un empleado y sus parientes cercanos, por lo que tendría que hacer un pequeño programa para que lo alerte todos los lunes al respecto.

¿Estas listo para conocer a tu personal?

SELECCIONAR

"El ejemplo no es lo principal para influir en otras personas, es lo único".

Abraham Lincoln.

La selección de personal es una de las actividades más importantes para la organización. ¿A quiénes contratamos para que estén en nuestra organización?, ¿Qué buscamos en cada persona a la hora de contratarlos?, ¿buscamos solo conocimientos?, ¿buscamos a los más baratos, para así ahorrar dinero y tener (supuesta y equivocadamente) mayores utilidades?, ¿Cómo hacemos nuestra búsqueda?, ¿buscamos gente que coincida con nuestra cultura?, ¿gente que disfrute de nuestra cultura y la viva?

La frase de arriba me hace sentido sobre lo que viví hace varios años atrás cuando ingresé a trabajar a una cadena de tiendas de supermercados muy grande. Esta cadena de tiendas después de haber pasado por varios holdings fue vendida a una entidad bancaria importante del país. Esta entidad bancaria tenía una cultura orientada a la felicidad de las personas y a un clima labora de excelencia. Cuando llegan a esta cadena de supermercados se encuentran con una cultura totalmente opuesta, existía la cultura del maltrato psicológico al personal, cultura del desprecio, castigaban los errores, entre otras malas prácticas, y claro esta del porque vendes un negocio, la respuesta en este caso era porque no progresaban hacía muchos años y prácticamente estaban en la quiebra. No les quedaba otra opción que vender e irse. Así que esta entidad bancaria lo compra, y lo primero que hace, y de una manera muy valiente y arriesgada, es sacar a todos los gerentes que tenían esa cultura, la verdad solo quedaron dos que pidieron una oportunidad para cambiar y prometieron cambiar. Casi el 90% de las tiendas quedaron acéfalas, sin gerentes. ¿Qué hicieron?, luego de haber despedido a todos los gerentes con una cultura negativa, fue a invitar a los propios gerentes del banco a pasarse como gerentes de las tiendas de supermercados. Aquí tenemos que entender la diferencia de trabajos, mientras en el banco el gerente esta cómodamente sentado en una oficina con aire acondicionado, y muy confortable, un gerente de supermercado por lo general está caminando casi 8 horas diarias, resolviendo todo tipo de inconvenientes del día a día, con clientes, marketing, personal, logistica, entre otros. Son roles muy diferentes. ¿Por qué el banco querría hacer esta jugada? La respuesta es simple, necesitaban desarrollar su cultura en esta nueva adquisición de los supermercados, y que mejor que llevando gente que ya la vive y la disfruta para que contagie a todos los demás y se" riegue" por toda la organización.

Pasaron 16 gerentes del banco a los supermercados, y los demás fuimos contratados de afuera. ¿Qué era más importante entonces a la hora de contratar: conocimientos o actitud hacia la cultura? *El ejemplo no es lo principal para influir en otras personas, es lo único.*

De hecho, si debes tener algo de conocimientos, pero lo más importante es esa ¡actitud y valores hacia la cultura! Y así fue. Éramos un equipo de casi 20 gerentes que ingresamos a trabajar como una promoción y a todos nos metieron a un plan de capacitación intensivo de 6 meses, donde pasamos por cada una de las áreas del supermercado, desde recepción de camiones, acomodar mercadería en góndolas, cortar carnes, amasar pan, etc. Y también clases en habilidades blandas como liderazgo, servicio, comunicación y cultura del banco, entender que era lo más importante dentro de esa cultura.

Hoy en día esa cadena de supermercados supero ampliamente a la competencia y es la líder en el mercado, paso de estar casi en bancarrota a ser el líder, todo por un cambio de valores y cultura, y contratar y contar con las personas correctas.

¿Y tú, como haces para seleccionar a tu personal?

ENTREVISTAS BASADAS EN COMPETENCIAS

"No es aptitud Sino Actitud la que determina tu altitud"

Anónimo

Cuando buscamos a alguien para ocupar un puesto determinado en las organizaciones, ¿Qué hacemos?, ¿Cómo buscamos? En líneas generales los buscamos de acuerdo con la descripción de puestos que tenemos (si es que los tenemos), y esta descripción de puestos por lo general está basada más en aspectos técnicos, conocimientos, reportes y línea de mando, objetivos y resultados esperados, y algo de habilidades blandas que a su vez están poco definidas. ¿Quiénes se presentan, entonces?, gente que calza con esa descripción, basada más que nada en conocimientos y experiencia.

Que es lo que muestra un candidato a la hora de presentarse: solo el 20% de su "ser", es decir su capacidad, Conocimientos, Habilidades y Experiencia, el otro 80% del "ser", casi ni se ve o se toca en las entrevistas, y ese 80% que casi no se muestra está compuesto por: Actitud, Motivación, Valores, Autoconocimiento.

Como comenté, lo que sucede en la mayoría de las organizaciones es que no toman en cuenta los Valores y la Cultura, creen que cualquier persona con un par de horas de inducción ya se va a impregnar de la cultura organizacional y la va a hacer suya. Quizás y si tienes suerte eso puede pasar, sin embargo, en la mayoría de los casos no sucede así, una vez el candidato es aceptado se esconde en su puesto y empieza a trabajar como lo sabe hacer él y como lo ha venido haciendo desde siempre sin importar la cultura de la empresa, salvo por algunos aspectos.

Entonces, ¿Qué deberíamos buscar?, primero conocer si nuestras descripciones de puesto tienen bien definido los aspectos de habilidades blandas y competencias; y que estén alineadas con la cultura de la organización. Luego cada líder de área debe participar en la construcción de esta descripción de puestos, ya que el líder conoce que cualidades personales adicionales se necesitan para el puesto dentro de su área.

Luego la entrevista tiene que estar dirigida a ese 80% de la persona, recuerda que los conocimientos se pueden adquirir estudiando, aprendiendo. La actitud y los valores es más complicado aprenderlos y adquirirlos si no se tienen o si no coinciden con los valores de la organización.

La fórmula que está dando la vuelta al mundo sobre desempeño te la presento:

$$D = [C + H] \times A$$

DESEMPEÑO = CONOCIMIENTO + HABILIDAD ✖ ACTITUD

Y si seguimos esta secuencia podríamos tener la siguiente tabla de resultados de Desempeño:

CONOCIMIENTO + HABILIDAD ✖ ACTITUD = **DESEMPEÑO**

$$[5 + 5] \times 0 = 0$$

$$[5 + 5] \times -1 = -10$$

$$[5 + 5] \times 1 = 10$$

$$[3 + 3] \times 2 = 12$$

Si tomamos valores de calificación del 1 al 5, donde 1 es muy bajo y 5 es sobresaliente, para el primer caso, donde los Conocimientos y Habilidades son sobresalientes, pero la Actitud es nula, el resultado es ¡CERO!

Para el segundo caso, también nuestro candidato tiene los máximos puntajes en conocimientos y habilidades, sin embargo, tiene una actitud negativa, el resultado es desastroso. Para el caso siguiente, nuestro candidato aparte de sobresalir en conocimientos y habilidades tiene una buena actitud. El último caso hace referencia a un candidato que quizás no tenga todos los conocimientos y notada la habilidad, pero tiene una super actitud, y eso lo lleva a mejores resultados que cualquier otro candidato de la lista. Recuerda los conocimientos y la habilidad son fácilmente adquiribles si se tiene una buena actitud.

Y recuerda siempre dejar una buena imagen de ti y tu organización a la hora de la entrevista, ya que ese candidato es un potencial cliente de la organización que representas, y va a hablar de tu organización de cómo lo trataron y atendieron.

CONTRATACION

"Contrata a los mejores, y déjalos hacer lo que saben si no, contrata a los más baratos y que hagan lo que tú dices".

Warren Buffet

Luego que has pasado tu proceso de selección tendrás a la mano al menos 3 candidatos para que uno de ellos ocupe el puesto vacante en tu organización. ¿A cuál escoges?

En una oportunidad cuando me encontraba trabajando como gerente de tienda en una corporación norteamericana de cadena de tiendas muy grande, nos dieron a los gerentes de tienda el encargo y responsabilidad de contratar al personal para la tienda. Nos entregaron las descripciones de puestos, el manual de entrevista, como debíamos hacer las entrevistas, hasta llegar contar con nuestra terna de candidatos para el puesto. La pregunta era y después a quien escogemos para el puesto. Como saber quién es el candidato indicado. La respuesta de nuestros líderes fue contundente: nosotros los contratamos a ustedes (nosotros los gerentes de tienda y nuevos líderes) porque no solo tenían las competencias técnicas, y las habilidades, sino también porque tienen valores que se alinean a nuestra cultura y porque además de todos eso, los contratamos porque ustedes son una especie de "mini me" (un pequeño yo). Vieron la película Austin Powers, donde este espía lucha contra el Dr. Malito. El Dr. Malito tenía un "mini-me" que era una versión idéntica a él, pero en pequeño. Bueno, nos dijeron nuestros líderes, si van a contratar a alguien, que esa persona sea un potencial "mini-me" tuyo, que tenga esas ganas, esa actitud y ese emprendimiento igual o muy parecido a ti. De esa forma consigues tener gente con actitud y alineada a la cultura y valores organizacionales.

Recuerda como llegaste al puesto en que te encuentras, ¿no te gustaría contar con gente que luche por llegar lejos, así como tú? ¿Como seria el rendimiento de tu equipo de contar con gente así, emprendedora con super actitud? Por otro lado, al contar con personal emprendedor los canales de comunicación y confianza se abren de manera natural y se genera por lo tanto mentes innovadoras que tienen la confianza de comunicar libremente sus ideas sin temor a ser rechazados y más bien a ser escuchados.

Asegúrate cunado contrates a alguien, que todo absolutamente todo este claro y que la persona que contratas haya entendido perfectamente bien todas las condiciones de la contratación. No dejes nada a la libre interpretación del candidato, ni escondas información por temor a que el candidato se desanime. Es mejor dejar todo claro y las "cartas sobre la mesa" antes de que el candidato ingrese a laborar, que hacerlo después. Porque podrías perder mucho más. Qué pasa si en tu empresa solo dan 40 minutos de refrigerio, y el candidato tiene costumbre y viene de empresas donde se les entrega 90 minutos de refrigerio. Una vez que ingresa a trabajar contigo, y en su taller de inducción le dicen que solo tiene 40 minutos de refrigerio, ¿qué tan motivado crees que estará?, ¿Qué crees que pasara?, quizás renuncie y tu tengas que volver a abrir un proceso de selección, donde incurrirás en más gasto para la empresa y más carga de trabajo para el área de recursos humanos. Este es un pequeño ejemplo, pero he visto ese tipo de cosas, donde al candidato se le oculta decirle algunas costumbres o políticas que podrían no gustarle y se las ocultan para no "perderlo" y eso si es lo peor que puede pasar. O quizás cosas tan simples como que el candidato cada vez que ingresa o sale de la empresa tiene que ser revisado por un personal de seguridad, algo que podría ser incómodo para algunas personas, pero que si la dices antes quizás lo acepten y entiendan, diferente a que se enteren luego y se desmotiven o terminen renunciando antes de empezar a trabajar. Es por todo ello, que debes tener una buena comunicación con el candidato que quieres contratar, exponer todo lo más claro posible, y conversar sobre las costumbres generales de la organización, así como temas importantes para el desarrollo personal de tu candidato.

BIENVENIDA

"Que una persona te dé la bienvenida a su casa es su mayor muestra de que te aprecia, confía en ti y te ve como un miembro de su familia."

¿Cómo solemos dar la bienvenida a las nuevas personas en nuestra empresa?, ¿Cuál es el proceso de bienvenida?, ¿Qué incluye ese proceso de bienvenida? Es importante entender como danos la bienvenida a las nuevas personas que ingresan a trabajar a nuestra empresa, y la idea es mantener la misma línea desde la selección y contratación. Algunas organizaciones creen que solo se trata de un buen programa de inducción de uno o dos días, otras incorporan un programa de "padrinos" que acompañaran la primera semana a la nueva persona en su proceso de incorporación. Todo esto esta super bien, sin embargo, existen más elementos que harían este proceso más enriquecedor para la nueva contratación. Algunas de las buenas prácticas de bienvenida que vi en otras empresas, y que también me documente por ejemplo son la de La Coca Cola Company, ellos cuando contratan a una persona hacen llegarle a su hogar una canasta de productos Coca Cola en señal de bienvenida al candidato para que comparta con su familia. Otras compañías suelen entregar una carta de bienvenida y felicitación al candidato que es dirigida a la familia de éste, con el fin que la familia se sienta orgullosa de este miembro familiar. Involucrar a la familia del candidato es una herramienta poderosa, genera compromiso no solo del candidato, sino también de la familia pues podrán entender más a este miembro cuando tenga que quedarse tiempo extra o realizar alguna actividad extralaboral para la organización.

Los programas de inducción son importantes para el candidato, en ellos se debe incluir una exposición de las políticas y reglamentos de la organización, no solo entregárselo al candidato, porque lo que sucede la mayoría de las veces es que el candidato no los llega a terminar de leer. Es importante también que en estos programas se trabaje de manera lúdica la cultura de la organización, no solo hablar de La Visión-Misión-Valores, sino también de todo aquello que engloba la cultura, que mencionamos en el capítulo anterior, temas como historia, héroes, lenguaje propio, costumbres, iconos, entre otros.

El apadrinamiento es también importante, porque este acompañamiento hará sentir a la nueva persona, más segura y confiada. Inclusive costumbres como la hora de comer, el comedor, los servicios higiénicos, que quizás parezcan ridículos o no importantes, pero para alguien que recién llegan son sumamente importantes, y necesarios conocerlos bien.

¿y tú programa de bienvenida como esta?

En este capítulo hemos visto todo lo concerniente a Selección, como parte de las nueve competencias del **LIDER-U-COACH**, y es que seleccionar a la persona es tener: EL PUESTO PARA LA PERSONA CORRECTA, Y LA PERSONA PARA EL PUESTO CORRECTO. Esto nos asegura una relación U-COACH, es decir una relación sana, efectiva y eficiente entre las personas del equipo, una relación única que nos genere resultados más allá de lo ordinario, porque contamos con gente extraordinaria que fueron elegidos por nosotros y que son una especie de "mini-me", con actitud y pasión por lo que hacen alineados a los valores culturales de la organización.

DESARROLLAR

"*Forma bien a tu gente para que puedan marcharse, trátalos mejor para que quieran quedarse.*"

Richard Branson

Mostrar la historia de la organización, como parte de la cultura es importante para los nuevos empleados. Tener algo así como un Hall de la Fama o un Museo de Historia de la organización.

Que entiendan como empezó todo y donde estamos ahora. Es importante para los nuevos empleados, que sigan el sendero del progreso de la organización y continúen avanzando. Y esto significa que ellos deben progresar, es decir: desarrollar a la gente para que la organización siga desarrollándose. Desarrollar gente para que tenga herramientas de cómo tratar a los clientes, pero para ello debemos entender que es lo que, como organización queremos o deseamos entregar a los clientes, cual será nuestra propuesta de valor, tanto cliente interno como cliente externo. Entendiendo que el cliente interno es el más importante, porque este atenderá al cliente externo de acuerdo con cómo se siente dentro de la organización. ¿Como lograr mantener en el tiempo a empleados que sean leales, comprometidos y atentos con nuestros clientes? Aquí se ve el liderazgo y que tan comprometidos están todos, desde la cabeza hasta los puestos masivos, con la propuesta de valor para los clientes internos y externos.

El desarrollo tiene que ver con capacitar, y para capacitar no basta con decir: "denles un taller de esto o aquello"; y una vez que recibas la capacitación: "anda a ponerlo en práctica", y solucionado el problema.

La capacitación va más allá de eso, la capacitación es compromiso de todos los líderes. La capacitación debe crear un vínculo emocional, debe generar un ambiente propicio para la introspección, reflexión e incorporación.

El líder debe ser inspirador, la capacitación debe generar inspiración. Desarrollar significa también creer en los talentos y fortalezas de las personas y ponerlas al alcance de la organización. Educar de manera divertida, interesante y que sea fácilmente recordable por todos.

INSPIRAR

"Si tus acciones inspiran a otros a aprender más, soñar más, y ser más, entonces eres un líder".

John Quincy Adams

¿Que deben lograr los lideres hoy en día respecto a su gente? Los líderes deben lograr que las personas hagan lo que tienen que hacer con excelente desempeño comprometidos y motivados, generando inspiración hacia ellos.

¿Recuerdas algún líder que tuviste en el pasado y que fue inspiración para ti?, ¿Cómo era ese líder?, ¿Qué características y cualidades tenía?, ¿Qué decía?, ¿Cuál era su actitud?, ¿Cómo se comunicaba?, ¿qué hacía y como lo hacía?, ¿Cómo desarrollaba a la gente?, ¿Cómo enseñaba?

Una de las tantas películas inspiradoras sobre liderazgo que hay y se proyectan en las capacitaciones y que particularmente a mí me gusta mucho es una secuencia de la película "Facing the Giants" o "Enfrentando a los Gigantes", donde uno de los jugadores le pregunta al capitán del equipo, en qué condiciones está el equipo que van a enfrentar en la siguiente fecha. Y éste le responde que están mucho mejor que ellos mismos. En mi experiencia laboral me ha tocado conocer y escuchar a líderes así, que sienten la derrota antes de empezar o que le decían al personal que tenían a cargo: "muchachos la gerencia nos exige lograr esto, he tratado de convencerlos de bajar el monto, pero no aceptaron, no nos queda otra que hacer lo posible y mejor de nosotros para satisfacerlos". ¿te suena familiar?, ¿Qué es eso?, ¿Qué clase de líder es?, ¿cree que así va a lograr la confianza de su equipo? ¡Tremendo error! Lo único que puede inspirar un líder así es lastima.

El líder del equipo tiene que mostrar, pase lo que pase, una actitud positiva, de emprendimiento, proactiva, de lucha constante, nunca de derrota. El líder debe hacer sentir al equipo en todo momento que las cosas si se pueden si trabajan en equipo. Recuerdo una experiencia personal cuando trabajaba como gerente de tienda. Habíamos empezado una remodelación en la tienda estábamos ampliando la tienda en aquel entonces de 3,500 mts2 a 5,300 mts2, la ampliación contemplaba reubicar las áreas de back-office, los baños y camerinos de los empleados, tenía a mi cargo en ese entonces 350 personas, y toda esta ampliación era parte de las nuevas secciones que se estaban incorporando de manera experimental en mi tienda. Así que empezamos la construcción, pero la tienda tenía que seguir atendiendo al público, no podíamos cerrar, así que toda la construcción e implementación se hacía a puertas abiertas, el reto era grande pues había que mantener el orden. La seguridad y la limpieza dentro de las áreas donde el público accedía para comprar, lo más complicado era mantener la limpieza y para eso, implementamos que todos los que trabajábamos allí todos sin excepción teníamos un paño para siempre estar limpiando las áreas y lugares que veíamos con polvo. Los arquitectos e ingenieros a cargo estimaron que entregarían todo listo como para habilitar con el armado de estanterías y llenado de productos en unos 60 días, y empezaron a romper las áreas antiguas donde era el back office y construir las nuevas áreas, en el camino como es de esperarse salieron imprevistos que hicieron que la construcción tome 15 días más, es decir tomo 75 días la parte estructural. Tuve la visita de los dueños y principales accionistas para la entrega de las nuevas áreas. Estábamos próximos a diciembre, mes de la más importante campaña de ventas del año, donde por lo general se vende tres veces más que un mes normal. En realidad, solo faltaban 7 días para iniciar la campaña navideña, y estos accionistas al ver la tienda, y todo lo que faltaba por hacer, me dijeron que no me preocupe, que entendían que no se iba a poder terminar para la campaña y presentar toda la tienda, pues faltaba que los carpinteros terminen todos los muebles y estantes, y luego llenar todo con mercadería. Los carpinteros tenían para 15 días por lo menos y llenar luego todo lo que faltaba se requería de al menos 3 días más intensos de trabajo. Y por otro lado había que atender en la parte que, si estuvo habilitada siempre para la campaña, por lo que no se podía distraer personal. Yo podría haberlo aceptado y quedarme concentrado en la campaña, pero había trabajado mucho tiempo con la gente y conocía el potencial que había, por otro lado, los carpinteros me conocían porque ya habíamos trabajado antes en las otras tiendas que me toco construir y abrir, así que quise intentar, sin comentar nada a los accionistas. Junte a los carpinteros y a mi equipo de gente, y les pregunte ¿qué se necesita para terminar todo en 7 días?, y empezamos a trabajar, recuerdo que yo llegaba a las 8:00 de la mañana y salía a las 2:00 am del día siguiente durante los 6 días siguientes, junto con todos los carpinteros y buena parte del personal que me apoyaba con mucho entusiasmo. Resultado: tienda lista para la campaña. Cuando invité a los accionistas para la inauguración de la nueva parte, a los 7 días de que ellos habían estado allí no lo podían creer, sus quijadas se cayeron, no entendían que había pasado, así que les presenté al equipo de carpinteros, y al equipo que estuvo conmigo día y noche trabajando sin parar, y me preguntaron ¿si estaba loco, y que había pasado? Les respondí: "señores aquí las cosas fáciles se hacen siempre, las cosas difíciles no nos incomodan y las hacemos, y las cosas imposibles, esas, solo nos toman un poco más de tiempo, pero las conseguimos".

Inspirar a tu equipo y las personas que te rodean, con una buena actitud, buena comunicación y orientado a la acción, te ayuda a lograr cosas que parecen imposibles inclusive a la vista de gente experta.

Créanme que no existe placer más grande que sentir que logras lo imposible con la ayuda y el trabajo en equipo de las personas, y eso solo se logra inspirando.

CRECIMIENTO EN BASE A TALENTOS Y FORTALEZAS

"Los líderes sobresalientes salen de su camino para potenciar la autoestima de su personal. Si las personas creen en sí mismas, es increíble lo que pueden lograr".

Sam Walton

Enfocarnos en lo que si tenemos en lugar de en lo que no tenemos. Nos pasamos la vida resolviendo nuestras "debilidades", en donde estamos "flojos", pero ¿qué tanto has desarrollado tus verdaderas fortalezas?, ¿qué tanto conoces tus fortalezas?, ¿hasta qué punto esas mismas fortalezas se podrían convertir en puntos negativos, que te estanquen en el camino? Capítulos atrás, escribimos sobre una de las maneras de reconocer tus fortalezas, y es escribiéndoles a varios compañeros de las varias etapas de tu vida sobre la huella que les dejaste. Otro de los mecanismos (y existen varios), uno que yo utilizo con frecuencia es el Perfil Conductual de

PDA. Esta es una herramienta que utilizo para que las personas se reconozcan de una manera más amplia desde temas como: cuáles son sus estilos de liderar, comunicar, motivar, así como cuál es la forma de comunicarse con ellos, de motivarlos y de dirigirlos, entre otros muchos más aspectos.

Otra prueba muy importante que habla solo de tus talentos es la prueba Clifton Strengh Finder de la gran consultora GALLUP, es muy bueno y también completo.

El deber de líder es descubrir primero sus propias fortalezas y luego descubrir las fortalezas de las personas que conforman su equipo. Luego hay que identificarlas y apoyarse primero en ellas y ver como a través de las fortalezas o talentos, las personas pueden trabajar de manera armónica y entusiasta, con más energía y a su vez pueden ir gestionado aquellas "debilidades" que no les permite avanzar adecuadamente. Para gestionar esas debilidades, puedes hacerte la pregunta: teniendo estas fortalezas o talentos, o apoyándome en ellas, ¿cómo puedo hacer yo para "levantar" esa debilidad?

El líder debe ayudar a que las personas con las que trabaja puedan descubrir sus fortalezas, y su potencial, por eso es el líder. En la película "Facing the Giants" o "enfrentando a los Gigantes", luego de que el capitán del equipo menciona que los rivales están mejor posesionados que ellos, que de hecho podría ser cierto, sin embargo, no es un mensaje que debe salir del líder y quedar allí. El entrenador reacciona inmediato y le increpa: "...que, ¿estas pronosticando una derrota?", y acto seguido lo llama y le dice que va a hacer el ejercicio del gateo con alguien en su espalda. Tenía que gatear una distancia, con un compañero acuestas de su espalda. Así que el entrenador le dice a este capitán de equipo, mirándolo a los ojos: "dime que me darás todo lo mejor de ti", a lo que el capitán le responde: "OK"; el entrenador insiste en la pregunta, y el Capitán sigue como evadiendo con respuestas tipo "ok", "YA", "SI", hasta que insistiendo el entrenador, finalmente se da cuenta de la respuesta que estaba buscando su entrenador y le dice: "OK, Voy a dar lo mejor". Esta es una forma de programar tu mente, al inicio la mente del líder estaba programándose para no ser mejor, o quizás limitando su capacidad, a eso le llamamos "Creencias Limitantes", sin embargo, en este caso, el entrenador le exigió que le diera una frase positiva dirigida a su mente, diciendo que: "si va a dar lo mejor", con el fin de "Re-Programar" la mente hacia lo positivo. Pero allí no acaba todo, luego el entrenador le pide que se tape los ojos, el Capitán no entiende para que o por qué, pero lo hace, luego de taparse los ojos, se pone en posición de gateo, para que el compañero pueda acomodarse de espaldas en su espalda. Te preguntaras, ¿Por qué lo vendó, o por qué le tapo los ojos?, muy simple: para que no vea la meta que se estaba programando en su mente, que, por supuesto era una meta pequeña, limitada. Al no ver físicamente, no podría su mente saber si había logrado esa meta pequeña o aun le faltaba. Así que empezó el gateo con el paradigma inicial que solo haría 30 yardas de distancia, unos 27 metros, y que lo máximo humanamente posible haría 50 yardas, o 45 metros. Lo mismo creían sus compañeros a los que lideraba, es decir, su equipo creía que el efectivamente no podría ir más allá de las 50 yardas, si es que no caía antes, y ese era el concepto limitado que tenían de su líder. Sin embargo a medida que este líder iba avanzando y que no podía ver más que solo el aliento de su entrenador, sus compañeros de equipo se levantaban a ver incrédulos como su líder, el capitán del equipo, seguía gateando, por el campo, pasando la propia marca que todos creían no se podía lograr, sin embargo este capitán no lo sabía, solo tenía a su entrenador exigiéndole y motivándolo a que siga, unos metros más, el capitán se empezaba a quejar de dolor, y cansancio, mientras el entrenador le motivaba hasta suplicaba que diera unos cuantos pasos más, que le faltaba casi nada para llegar. Finalmente, y dando ya todo por el todo, el líder se deja caer, y entre dolor, esfuerzo y sacrificio, llorando le dice al entrenador que esta segurísimo que llego a hacer las 50 yardas, y el entrenador antes de quitarle las vendas del ojo, le dice que NO, se equivoca, ... Había llegado a la parte de anotación es decir 100 yardas, 3 veces más de lo que él se hubiera imaginado en su vida, él y su mente, claro está. La lección aquí son varias: como líder no puedes limitarte porque si lo haces estarás limitando también al equipo y por lo tanto tus resultados serán limitados. Como líder debes entender que todo es posible, pero tienes que aprender a sacar lo mejor de ti y de cada una de las personas que conforman tu equipo, y la única forma es conociéndote, y conociéndolos. Explotando sus fortalezas, y talentos, haciendo que ellos mismos descubran su propio potencial, con diferentes técnicas, como, por ejemplo, realizando la prueba del PDA, o realizando sesiones de Coaching con ellos, a través de preguntas poderosas que los lleve a la reflexión, introspección y aprendizaje. Solo así conocerás y se conocerán en su verdadero potencial y veras los resultados que son capaces de lograr todos juntos. Un líder no solo guía, sino arrastra y es seguido por su personal, usando lo mejor de cada uno, y generando un clima de alegría, familia, y trabajo en equipo, donde la sinergia, la comunicación, la interdependencia y la cooperación son elementos indispensables y bien vividos por todos. Y, por último, como líder no debes dejarte llevar por tus creencias limitantes, analízalas y pregúntate, ¿qué tan ciertas son esas creencias, ¿Cómo nacieron en ti?

Entonces luego del análisis personal, dime: ¿Cuáles son tus estrategias, metodologías para lograr explotar lo mejor de cada persona que conforma tu equipo?, ¿Qué haces?, ¿estas teniendo resultados?,

¿Cómo son esos resultados?,¿podrían ser mejores?, ¿qué podrías hacer mejor?

CAPACITACIÓN PARA ELLOS Y POR ELLOS

Hablar de la capacitación es lo último que se toma en cuenta en momentos de crisis de mercados, cuando debe ser lo primero, para que el personal este entrenado y tenga las herramientas de entregar un mejor servicio, y de esta forma conseguir más clientes y fidelizarlos. Te imaginas, cuando hay crisis, eso es para todos, no solo para tu organización, es para todos, entonces: ¿cómo destacarte?, erróneamente se piensa en ahorrar sacando personal, y/o dejar de capacitar, y el resultado de esto, es contrario, porque en cuanto al servicio, el efecto es menor calidad en el servicio, la promesa inicial de servicio y calidad que se acuño en la empresa desaparece o pasa a un segundo plano, y los lideres creen y dicen: "estamos ahorrando". Pero al bajar la calidad en la atención, lo que sucede es que los clientes se espantan y solo acuden a tu organización por las rebajas o bonos que des, más nada. Y entonces se vuelve un círculo vicioso, menos ventas, se siente que la crisis se mantiene, por lo tanto, menos personal, cero capacitaciones, empezamos a hablar de personal multitarea, agotamos y cansamos al personal, entonces mayor rotación, y así, sucesivamente.

Que nos puede salvar, mantener o mejorar nuestra propuesta de calidad de servicio, por un lado, y darle las herramientas al personal para que este pueda brindar la mejor de las atenciones y calidad de servicio a los clientes para que nos prefieran frente a la competencia.

La capacitación es una de las actividades más importantes dentro de una organización, es la mejor forma de transmitir los objetivos, la cultura, la historia, los valores institucionales, las políticas y reglas de la organización, entre otros. Por eso es importante que el primer mensaje sea el respeto a la esencia de la cultura, a los valores organizacionales y promesa de servicio. La idea es cautivar las mentes y los corazones de las personas empleadas, a través de programas que sean divertidos, agiles, que llamen a la introspección. Las capacitaciones deben ser divertidas, donde quede claro que el trabajo y la diversión van de la mano. Un ejemplo de diversión podría ser manual de políticas y procedimientos, que suele ser aburrido y tedioso, largo y frio, convertirlo y hacerlo divertido, con dibujos, paisajes y tipos de letra diferente.

Dentro de la capacitación es importante actividades de recreación únicas para el personal, competencias inusuales, divertidas y que generen expectativa. La idea con Estas actividades es reducir el estrés.

Los programas deben reflejar calidad y valores organizacionales, el contenido, las personas que las imparten, los empleados que asisten, y la forma como se apoya a los empleados.

Preguntas como: ¿Por qué no se siguen los procedimientos estándar de operación de nuestra empresa?, ¿Por qué es tan difícil ofrecer de manera consistente el mejor servicio a clientes?, ¿Por qué es tan difícil generar y sostener la motivación?, deben ser resueltas en tus sesiones de capacitación.

Te pregunto: ¿Qué actividades tienes tú en tu empresa, que genera en diversión en tus empleados? Capacitar no es solo entregar herramientas técnicas o de habilidades blandas. Dentro de la capacitación es importante descubrir los talentos de las personas, y usar estos donde podrían realizarse programas de capacitación creados y diseñados por los mismos empleados para mostrar a otros como funcionan sus áreas, que es lo que hacen, como lo hacen. O inclusive, empleados con talentos como cantantes, o que toquen un instrumento o de danza, podrían realizar capacitaciones de eso mismo al personal que esté interesado en aprender alguna de esas habilidades, de esta forma las personas se sienten útiles y valoradas también.

Incorporar dentro de la capacitación la idea de la importancia del trabajo de cada empleado dentro de la organización, y resaltarlo. La idea es infundir orgullo a los empleados sobre lo que hacen, y el valor que tiene para la organización y los clientes. Así mismo que los empleados puedan aprender cómo resolver necesidades, y que los lideres aprendan a delegar. Dentro de las capacitaciones es imprescindible que todos los lideres estén involucrados en el proceso y contenidos de la capacitación y delegación o empoderamiento que pueden tener los empleados.

Walt Disney decía: *puedes soñar, crear, diseñar y construir el lugar más maravilloso del mundo, pero para que ese sueño se vuelva realidad, se necesita gente capacitada.*

LA COMUNICACIÓN

"La comunicación es normalmente un proceso doble: por un lado, alguien trata de enviar un mensaje; por otro, alguien trata de entenderlo"

Edward De Bono

Quizás una de las competencias más controversiales y complicadas para un líder. Que, SI se puede comunicar y que NO se puede comunicar, como comunicar, a quien comunicar, cuando comunicar y donde comunicar. Esto no es tan sencillo responder, y, sin embargo, es a lo que nos enfrentamos día a día en nuestras organizaciones como líderes. Por ejemplo: ¿cómo comunicamos una fusión de empresas al personal?, o ¿Cómo comunicamos una reducción de personal? Estas situaciones son altamente delicadas y complejas que, en caso la comunicación no sea la correcta, y en la forma correcta, puede traer desequilibrio en las operaciones de la organización.

Por lo tanto, comunicar se convierte en un arte y habilidad única. No vamos a tratar el tema de cómo resolver estas situaciones planteadas, pero es importante entender: ¿qué tan sólida es la cultura en la organización?, ¿qué tan propicio es el clima laboral que los lideres han construido?, ¿ha sido un clima laboral basado en la confianza?, si las respuestas son positivas, o quizás las óptimas, esto último sería el mejor de los escenarios. Entonces se trata como venimos planteando de crear un clima laboral de excelencia centrado o basado en la confianza y los valores de la organización.

Por otro lado, si hablamos de comunicación tenemos que entender que las personas perciben el mundo desde sus propios mapas mentales, y cada mapa mental es muy diferente, es como la huella digital de una persona, no existen dos mapas mentales idénticos. Este descubrimiento lo hicieron John Grinder y Richard Bandler, padres de la PNL (programación neurolingüística), donde les preguntan a dos hermanas mellizas, ¿qué opinaban de sus padres? La melliza uno; responde que son una pareja conflictiva, pelean mucho y lo peor de todo es que sus padres preferían a su hermana la melliza 2. Por otro lado, la melliza 2, responde que sus padres son una bella pareja, pero como toda pareja pelean, y que lo único que le incomodaba un poco era que sus padres preferían a su hermana, la melliza 1. Ambas personas que nacieron del mismo útero, al mismo tiempo prácticamente, y vivieron en las mismas condiciones, tienen una visión o debería decir percepción del mundo diferentes. Entonces bajo esta premisa que cada ser humano tiene una diferente percepción de cómo interpreta el mundo es que el líder tiene que entender que lo que comunica no va a ser interpretado exactamente igual por todos, es importante que el líder este seguro y explique adecuadamente a sus equipos lo que realmente quiere expresar y que se entienda realmente como debe entenderse.

¿Cómo logro hacer esto? En mis exposiciones con la proyección de cualquier lamina de mi PPT sobre comunicación, les hago la siguiente pregunta a los asistentes: ¿Qué ves proyectado en el Ecran?

Y voy preguntando a uno por uno la misma pregunta, (la imagen que está en el ejemplo es solo con fines de ejemplo) y habré realizado este ejercicio en cientos de líderes y colaboradores en estos años y efectivamente nunca he recibida dos respuestas exactamente iguales y mucho menos lo que REALMENTE está proyectado, más bien cada uno de ellos lo que hace es describir lo que para ellos significa lo que está proyectado. Por ejemplo, responden: "dos niños abrazándose, dos niños felices, dos niños jugando, felicidad, ternura, etc." La pregunta nunca es: ¿Qué significa para ti?, la pregunta es: ¿Qué ves proyectado?, esta pregunta alude a la realidad, mientras la respuesta como por "defecto" o "default" (como dirían los programadores) se centra en la interpretación de su mundo. Es ahí donde les pregunto a los participantes, primero: ¿Cuántas proyecciones hay en el Ecran?, a lo cual todos saben la respuesta: una sola!, entonces pregunto: ¿Por qué hay tantas respuestas diferentes?, y ¿Quién tiene la razón, entonces?, ¿Cuál respuesta es la correcta? Todos saben que todos están correctos, es allí donde los participantes toman consciencia de que cuando comunican algo a sus equipos, no todos van a entender lo mismo, y es por eso por lo que quizás cueste llegar a los objetivos o sobrepasarlos. Entonces, ¿Cómo debo hacer o como debo comunicar?, y es aquí donde yo empiezo a responder la pregunta que hice inicialmente: ¿que ves proyectado en el Ecran? Y entonces describo: "en el Ecran está proyectado un rectángulo blanco, en la esquina superior izquierda un borde gris, que se extiende un tercio de distancia hacia abajo y hacia la derecha. En el extremo derecho un rectángulo gris con letras y una flecha curva dentro de él, que hace referencia a un logotipo, y bueno así, sucesivamente voy describiendo "la realidad", "lo que es" en esencia lo que está proyectado. Es ahí recién donde los participantes toman consciencia de que la realidad es diferente a lo que interpretamos, y entienden lo que yo quiero transmitirles.

Entonces como líderes debemos asegurarnos de que nuestros colaboradores entiendan la realidad que nosotros necesitamos entiendan, por ejemplo, para lograr los objetivos, debemos ser lo más descriptivos posibles, inclusive si es posible utilizar un pizarrón para dibujar, escribir y describir lo que realmente queremos lograr: El Objetivo. Que se vea, de esta manera la imagen del objetivo queda grabada en sus mentes.

COMO SE COMPARTE LA COMUNICACIÓN

"Sólo hay un bien: el conocimiento. Sólo hay un mal: la ignorancia."

Sócrates

Esta frase me trae a la mente la política de algunos países donde prefieren no desarrollar y dar conocimiento al pueblo para poder ser los gobernantes quienes tengan el control de todo. Así es, manteniendo ignorante al pueblo, éstos pueden hacer lo que deseen y controlar como quieran a la gente.

Mantener la información concentrada en unos cuantos los hace poderosos. No comunicar el conocimiento, es una forma de hacernos poderosos, y no mostrar nuestra vulnerabilidad. Sin embargo, hoy en día que vivimos en un mundo globalizado, donde la comunicación está al alcance de todos a través de un celular o una tableta o computadora, es más difícil retenerla. Hoy hablamos, por ejemplo, de "clientes con poder", pues los clientes tienen acceso justamente a toda la información disponible en internet. Y si hablamos de "clientes" me refiero a tanto clientes externos, como clientes internos.

En plena era de la Información globalizada, lo que haces con ella, es lo que determinará tu verdadero poder, y la mejor forma de aprovechar la información, es compartirla, de la manera más útil y relevante para tu equipo. Mantener informado a tu equipo de las cosas que suceden e impactan directamente en ellos los hará sentir que los valoras y los aprecias. Los colaboradores de tu equipo al sentirse valorados y apreciados, estarán más comprometidos en lograr los resultados y trabajar con miras a conseguir los objetivos que les propones. Trabajaran en un ambiente y clima de confianza y tendrás una relación con ellos más coherente. Es mejor que se enteren por ti, de lo que sucede e impacta en ellos, a que se enteren por otros, pues de la segunda manera, se romperá la confianza entre tu como líder y ellos. Entonces comunicarles todo aquello que les concierne de primera voz, afianzara la confianza con el equipo y tu posición como líder hacia ellos.

Desde el punto de vista de la habilidad de comunicar, los colaboradores se sienten valorados y apreciados cuando: Son los primeros en recibir aquellas noticias que impactan en su desempeño y los afectan; cuando son consultados regularmente y cuando sus sugerencias son escuchadas y tomadas en cuenta. Si compartir la comunicación es una habilidad del líder que genera confianza en el equipo, hace que los colaboradores sientan mayor compromiso, y se trabaje de manera cohesionada, ¿por qué los lideres a veces no comparten comunicación?

Existen tres probables respuestas a esta pregunta:

El líder quiere mantener su posición de poder frente a los colaboradores y erróneamente no comparte la información; una segunda posibilidad es que el líder desconoce el efecto de compartir la comunicación con el equipo, desconoce el potencial de valoración y compromiso que se genera, y finalmente una tercera posibilidad es que el líder "no tiene tiempo" para reunirse con el equipo para compartir comunicación importante y relevante para ellos.

La primera opción, tiene que ver con la autoconfianza y autoconocimiento del líder. La segunda opción se resuelve a través de lo que escribimos en este segmento; y la tercera opción se resuelve agendando <u>reuniones efectivas</u> con el equipo. Reuniones que si las realizamos y organizamos de forma correcta no tienen por qué durar más de 15 minutos.

Las reuniones para que sean efectivas deben tener tres requisitos:

1.- Antes de la Reunión,

2.- Durante la Reunión, y

3.- Después de la Reunión.

El Antes de la Reunión, se caracteriza por ser la convocatoria a la reunión, donde damos los siguientes alcances:

<u>**CONVOCATORIA:**</u>

1.- Fecha: aquí se debe realizar con "X" días antes. Donde "X" es los días necesarios para estar preparados para la reunión.

2.- Objetivo de la reunión (por qué y para que nos reunimos)

3.- Temas por tratar (agenda)

4.- Material requerido (que debo llevar, leer…)

5.- Quienes participan, responsables de alguno de los temas a tratar o actividad a realizar.

6.- Lugar, día, hora de inicio y hora de fin

7.- Quien será el facilitador

La idea es definir un tema a la vez, a lo mucho, dos temas para no alargar tanto la reunión. Si el tema amerita, para que los colaboradores vayan preparados, deben leer previamente un informe o las estadísticas de lo que vamos a tocar, de esta forma también te darás cuenta quienes se preparan llevando preguntas o el grado de interés que tienen por participar. Hacer un rol play facilita el aprendizaje, y no quita mucho tiempo.

La siguiente etapa es el **Durante la reunión**, y esta se desarrolla de acuerdo con los siguientes temas:

1.- Rompe hielo (distensión), solicitarle a uno de los miembros del equipo que se haga cargo de la dinámica, uno por cada reunión, la idea es que todos participen finalmente.

2.- **Recordar** las metas del equipo y los avances

3.- **Nombrar** a un colaborador para que tome nota de todos los puntos y acuerdos durante la reunión.

4.- **Desarrollar** los objetivos y temas de la agenda que se plantearon en la convocatoria:

5.- **Identificar** éxitos, y barreras percibidas

6.- **Dar** reconocimiento al equipo

7.- **Ratificar** los objetivos

8.- Establecer planes de acción, responsables y tiempos de realización

9.- **Realizar** un "juego de roles" sobre algún caso de ventas o servicio

10.- **Definir** al responsable de la dinámica rompe hielo de la próxima reunión.

11.- **Finalmente**, realizar un "grito de guerra" de aliento con el equipo.

La actividad rompe hielo, la puede realizar cualquiera y puedes encontrar varias en la web, la idea es que cada colaborador pueda participar realizando una al inicio de las reuniones.

Luego solicitar quien va a tomar apuntes, y finalmente desarrollar la reunión.

Terminamos haciendo, por ejemplo, una teatralización de como se viene haciendo alguna actividad, desde atención al cliente, venta o televenta, o cualquier otra actividad, y luego de teatralizarla se pone en discusión, que está bien, y como podemos mejorarla. Finalmente teatralizarla en como seria del modo de excelencia.

Al final de nuestra reunión, leemos los acuerdos y responsables de las actividades asignadas, de las que hubiera, y terminamos con una barra de aliento para el equipo.

La última etapa de una reunión efectiva es el seguimiento, donde se envía el Acta a todo el equipo para que recuerden los acuerdos tomados y puedan ejecutarlos en los plazos determinados por ellos mismos en la reunión:

Fecha:		
Participantes:		
Temas tratados:		
Acuerdo tomados	Responsable del acuerdo	Fecha de cumplimiento
Observaciones:		

QUE MEDIOS SE UTILIZAN

"La forma en que nos comunicamos con otros y con nosotros mismos, determina la calidad de nuestras vidas."

Anthony Robbins

¿Como vamos a comunicar lo que tenemos que comunicar?, ¿Cuál será la forma efectiva de comunicar algo?

Debemos tener claro los medios por los cuales vamos a comunicar. Primero distinguir los tipos de comunicación que existen:

1.- Comunicación Interpersonal

2.- Comunicación en el Equipo

3.- Comunicación Corporativa

Luego entender para que nos comunicamos, como por ejemplo para transmitir:

1.- Cultura organizacional, valores, visión

2.- Trabajo en equipo, liderazgo, motivación

3.- Gestión del conocimiento, desempeño

4.- Servicio al cliente, calidad

5-. Direccionamiento estratégico

6.- Crecimiento, cambio organizacional

7.- Resolución de conflictos, negociación

8.- Gestión por objetivos y procesos

9.- Branding y Marketing personal

Entre otros

Sobre la Comunicación Interpersonal, que es la comunicación que se da entre dos personas, que pueden ser Líder y Colaborador, esta se puede dar de dos maneras:

1.- Directa

2.- Indirecta.

La manera directa está relacionada con todo aquello que es importante hacerlo de manera directa y no puede hacerse por otro medio porque la idea es generar lazos de confianza y valoración al colaborador. Como lo hemos venido hablando desde el inicio de este libro. Generar confianza a través del contacto humano, y no de las maquinas. Si es cierto que se pueden comunicar temas diferentes a través de las redes, pero debemos tener especial cuidado con los temas que a continuación propongo: ¿En qué situaciones tenemos que comunicar de manera directa?

Por ejemplo:

1.- Dar motivación a un colaborador,

2.- Dar Reconocimiento

3.- Los temas personales del colaborador

4.- Feedback, Solución de problemas

5.- Temas estratégicos, como:

  -Objetivos,

  -metas,

  -tareas,

  -responsabilidades,

  -asignación de roles

6.- Cambios estratégicos organizacionales, nuevos proyectos, etc.

Como veras todos son temas o bien personales o estratégicos, y no lo podemos dejar a la libre interpretación del colaborador, y la idea es que llegue de manera genuina.

Que temas si pudiéramos comunicar de manera Indirecta:

  1.- Convocatorias,

  2.- Recordatorios

  3.- Acuerdos

  4.- Información Técnica

Algunos medios que podemos utilizar para la comunicación indirecta son, por ejemplo: el correo electrónico o email, grupo de whatsapp, grupo en Facebook, Microsoft Teams, y otros programas de trabajo en equipo.

Me trae a colación el ejemplo de esta persona que vivió dos momentos diferentes en su cumpleaños, cuando en la primera empresa que estuvo, apenas prendió su computadora, en la pantalla le salió un aviso de "Feliz Cumpleaños", y luego cuando fue a almorzar la encargada de la cafetería le dijo que tenía una torta para ella, frente a la segunda empresa donde trabajo, que el día de su cumpleaños, no hubo un "pantallazo" pero sus compañeros junto con su jefe se acercaron a su sitio con una torta en la mano y cantándole "Feliz Cumpleaños". La pregunta es: ¿Cuál de las dos situaciones genera mayor compromiso, confianza y satisfacción?

De hecho, la respuesta es única. Por eso el medio que utilices para comunicarte con tus colaboradores o tu equipo es sumamente importante para el logro de los objetivos, y recuerda la idea es ser:

"Único - Confiable - Orientado a resultados –
Asertivo – Creativo - Humilde = **U-COACH"**

U NICO

—

C ONFIABLE

O RIENTADO A RESULTADOS

A SERTIVO

C REATIVO

H UMILDE

QUE TIPO DE INFORMACION COMPARTEN

"Toma ventaja de cada oportunidad para practicar tus habilidades comunicativas, así cuando surjan ocasiones importantes, tendrás el don, el estilo, la nitidez, la claridad y las emociones de afectar otra gente."

Jim Rohn

Todos tus colaboradores saben y conocen que es lo que quieres de cada uno de ellos?, ¿todos saben por qué están trabajando?, ¿cuáles son sus metas individuales y del equipo?, ¿saben cuáles son las metas del área y de la organización? ¿Todos tus colaboradores saben de qué se les va a calificar?, ¿cómo se les va a evaluar?

Según la empresa GALLUP en una encuesta que hicieron sobre deserción en las empresas, con la pregunta: ¿Cuál es la razón por la cual las personas renuncian en las organizaciones? Los motivos de mayor influencia fueron:

1.- No saber el Qué y el Cómo de su trabajo

2.- Falta de Reconocimiento

3.- Mala actitud de los jefes

4.- Falta de oportunidad de aprendizaje

Las dos primeras están relacionadas directamente con la comunicación, la forma de comunicar, y que comunicamos.

Cuando llega alguien nuevo a trabajar con nosotros, que indicaciones les damos, les hablamos de nuestras expectativas respecto de lo que esperamos de él, les explicamos sobre su trabajo y lo que se necesita de el para realizar el trabajo, cuáles son sus responsabilidades, cuáles son sus funciones y tareas, sabe acaso sobre que lo vamos a evaluar.

Muchas veces dejamos por entendido que ya lo sabe. Si no comunicamos nuestras expectativas en cuanto al trabajo en sí: responsabilidades, funciones y tareas, así como sobre que se le va a evaluar, las probabilidades de fracaso de los colaboradores son altas. Según el Great Place To Work – GPTW, cada año más del 50% de los colaboradores entrevistados, y créanme que es un número que puede llegar a los cinco millones de personas encuestadas al año, dicen no tener conocimiento de lo que se espera de ellos en su trabajo. ¿Te imaginas este resultado? Entonces no solo se trata de la comunicación, si no, que, si alguien no sabe qué hacer, ¿Cómo pueden llegar a los objetivos?, ¿cómo pueden gestionar adecuadamente?

La pregunta es: ¿Por qué los lideres no comunican lo que se espera de los colaboradores, es decir, sus expectativas de manera clara?: Quizás para no calificar de manera eficiente a los colaboradores, o quizás a no reconocer el éxito de ellos, a tener miedo a que hagan cosas extraordinarias y mejores. Porque de ser así, que lleguen o traspasen los estándares, entonces cada año podríamos ir subiendo el estándar, lo que nos convertiría en una organización año a año mejor, más eficiente y eficaz.

Como lideres debemos comunicar de manera adecuada y expresar de manera eficiente nuestras expectativas respecto de cada colaborador, que sepan porque están aquí, para que se les quiere y sobre que se les va a reconocer. No hacerlo, generara ansiedad, incertidumbre, desgaste de energía y como dice Gallup en su encuesta terminaran retirándose en busca de otras organizaciones donde si tengan las cosas claras.

Este cuadro te puede ayudar a trabajar mejor las expectativas para tus colaboradores:

Define claramente las Responsabilidades de cada persona de tu equipo. Luego de definir cada Responsabilidad, define las funciones inherentes a ella, y luego para cada función, las tareas que se desprenden.

RESPONSABILIDAD 1					
FUNCION 1		FUNCION 2		FUNCION 3...	
Tarea1	Tarea2...	Tarea1	Tarea2...	Tarea1	Tarea2...

Luego definir las tareas:

Tu tarea es	Cantidad	Calidad	Recursos	Plazos	Politicas
[definir el encargo]	(definir característica numérica esperada, "el qué")	[definir calidad esperada, "el cómo"]	[definir con qué recursos cuenta para su tarea]	(definir temporalidad específica para su tarea)	(explicitar contexto, reglas de juego de Conecta)

Para cada tarea, deberás definir:

1.- **La cantidad**: es decir la característica numérica esperada o el, Qué tiene que hacer en función a la cantidad.

2.- La calidad: definir la calidad que esperas como resultado de lo que hace, es el Cómo debe hacerlo para llegar a niveles de excelencia.

3.- Indicador: que baremo o KPI es el que se ha asignado para medir el rendimiento de esa tarea.

4.- Recursos: definir con qué recursos cuenta para realizar la tarea

5.- Plazos: los plazos en los que debe realizar la tarea

6.- Políticas: especificar el contexto, reglas del "juego", para realizar la tarea.

Una vez que tengas estos dos cuadros desarrollados para cada colaborador, reúnete con cada uno y comunica de manera clara, abierta y nítidamente lo que quieres decir en cada cuadro, no es cuestión de que solo se los entregues, la idea es que ellos aclaren todo tipo de dudas antes de irse.

SABER ESCUCHAR

"Muy poca gente escucha con la intención de entender; solo escuchan con la intención de responder."

S. Covey

Saber escuchar es una de las habilidades más complejas que podemos desarrollar. No es fácil saber escuchar, estamos acostumbrados a escuchar para responder; es decir solo escuchar las frases, ideas o mensajes, o como prefieras

denominar al lenguaje verbal propiamente dicho, sin tomar en cuenta el lenguaje corporal o los mensajes "subliminales" que viajan debajo del mensaje en sí.

Estamos tan sedientos de que nos escuchen que todos queremos ser escuchados y ni bien nos dan la posibilidad de que nos escuchen, inmediatamente hablamos y dejamos de escuchar al otro. Todos queremos que nos escuchen.

Por algo se dice que nos crearon con dos ojos, dos orejas y una sola lengua. Y es que escuchar tiene que ver también con observar a nuestro interlocutor para descifrar el lenguaje corporal, que nos dice más allá de las palabras, es escuchar no solo en mensaje, si no también es escuchar la entonación, velocidad y ritmo de la voz, y todo eso se logra observando con los ojos y escuchando con las orejas.

Especialistas en psicología y científicos demostraron a través de pruebas y experimentos que la comunicación se compone por tres grandes elementos:

1.- La comunicación verbal o el mensaje

2.- El tono de voz o entonación

3.- La comunicación no verbal, o los gestos, más la mirada y la corporalidad.

Y el resultado de influencia de cada uno, fue lo siguiente:

La comunicación está compuesta de la siguiente manera:

> 7% es el Mensaje

> 38% es el Tono de voz

> 55% es la mirada, gestos y corporalidad

Esto significa que comunicamos más con los gestos, mirada, corporalidad y el tono de voz que con el propio mensaje.

El 93% de la comunicación está dada en estos dos aspectos, entonces si realmente quieres escuchar a alguien empieza por practicar la observación y escucha el tono de voz.

En mis talleres realizo el siguiente experimento:

Me acerco a una persona cualquiera y dirigiendo la mirada, la corporalidad (es decir me inclino hacia la persona) y entonación empiezo a hablarle, pero haciendo mención al nombre de otra persona que está en la capacitación y por lo general lo hago inclusive si la persona que me acerco es hombre, y dentro de los asistentes hay una persona que se llama Ana por ejemplo, a este hombre le digo: "Hola Ana, cuéntame ¿qué opinas de esto?.." y por lo general me responden sobre el tema, o algunos me pueden decir: "yo no soy Ana", sin embargo, cuando me dicen esto, yo insisto y sigo diciendo; "Ana te estoy hablando, ¿puedes responderme?", a lo que la persona, en este caso el hombre me empieza a responder.

Esto es un claro ejemplo de lo que significa como influye la corporalidad, gestos, entonación a la hora de comunicarse. Te invito a que lo experimentes entre tus amigos o compañero de trabajo, has la prueba cuando estés en grupo conversando y dirigirte a alguien de ellos mencionando el nombre de otro, y vas a ver cómo te responde igual. Y esto sucede porque justamente es más importante y comunica más la expresión no verbal, que el propio mensaje.

Te pregunto: ¿cómo aprendiste a hablar?
Estoy seguro de que tu respuesta va a ser: "Escuchando", y así es, solo se puede aprender escuchando. Para poder hablar hemos tenido que escuchar primero, si no, es casi imposible o muy difícil empezar a comunicarte. Y como vez la comunicación entonces empieza por escuchar, y el aprender también empieza por escuchar. Si quieres aprender y entender, entonces debes escuchar primero, es decir la única forma de entender y aprender es escuchando.

Como líder tenemos que ser conscientes que a las personas les gusta ser escuchadas, y que mejor forma de generar confianza en nuestro equipo que escuchándolos efectivamente.

Por otro lado, es importante aprender de lo que ellos quieran contarnos sobre los clientes, el clima laboral, ello nos va a dar los indicios para mejorar cada día más y llegar más lejos, en la organización en el clima y con los clientes.

ESCUCHAR PARA ENTENDER

"Valor es lo que se necesita para levantarse y hablar; pero también es lo que se necesita para sentarse y escuchar".

Winston Churchill

Para escuchar hay que saber ser empático, ponerse en el lugar del otro y aprender a ver desde su mundo. Escuchar es una habilidad que, si la sabemos usar, nos abre muchas puertas al entendimiento y conocimiento.

La única forma de entender a las personas es escuchando desde la empatía. Y como dijimos párrafos arriba, desde la observación gestual, corporal, desde la mirada, desde la entonación de voz, y del mensaje. Atendiendo física y mentalmente, enfocándonos en ellos y dejando de lado a nosotros mismos.

Escuchar entonces, es la forma de:

-Atender físicamente

-Atender mentalmente

-*Atender verbalmente*

Atender físicamente, es decir a la hora de escuchar también tu corporalidad tiene que ser tal que le indique a tu interlocutor que estas interesado en escucharlo, algunas pistas para entender si me están escuchando es que sus ojos me estén mirando, sus gestos sean gestos afables, que su corporalidad indique bienvenida, apertura y no un cuerpo cerrado, es decir con los brazos cruzados, o mirando hacia otro lado, bostezando, tapándose la boca o cogiéndose la cabeza y agachándola, mirando hacia otras cosas, como celular, computadora, etc. entre otros, si haces eso, me indicara la falta de interés o apertura que tienes para escucharme.

Atender mentalmente, y esta es la parte quizás más complicada de la escucha activa. Aquí se trata de enfocarnos en la conversación, en lo que nos están hablando, y para ello necesitamos callar nuestros pensamientos distractores, callar todo pensamiento que tengamos y solo concentrarnos en lo que nos comunican (mensaje, entonación, corporalidad). Una vez escuche esta metáfora excelente, esto es como cuando tomas una foto. A la hora de tomar una foto todo tu ser está concentrado en lo que vas a tomar para que salga lo mejor posible, tú no estás en la foto, lo que importa de la foto es lo que vas a tomar, sea un paisaje o a otra persona, pero tú no estás en el cuadro. Lo mismo sucede con esto, concéntrate en lo que te dice el otro y olvídate de ti, solo importa el otro. Y ese olvídate de ti significa que dejes tus propios pensamientos personales y solo te enfoques en el otro, como cuando tomas la foto.

Atender verbalmente; es la forma que nosotros vamos dándole "pistas" a nuestro interlocutor de que lo estamos escuchando, como por ejemplo a medida que el habla nosotros le vamos diciendo: "...*aja...*, ...*claro...*, ...*entiendo...*, ...*si...*, etc.*"

Finalmente, y para poder estar alineados con lo que nos dijo, la idea es parafrasear lo que hemos entendido de lo expuesto por nuestro interlocutor, en otras palabras, decirlo con nuestras propias palabras.

¿Por que como líder tengo que escuchar y entender a mis colaboradores?

Porque de esa forma vamos a poder entender con quienes trabajamos, cuáles son sus valores y que tan alineados están con los nuestros, los de nuestro equipo y con los de la organización. Para entender como motivarlos, como guiarlos, cuando y cuanto delegarles. Que tareas asignarles, en que son mejores, que competencias tienen, que es lo que aman hacer y que les incomoda.

De esta forma como líder tendrás todo el poder de decidir como armar tu equipo, quien es quien, y quien hace que, y como lograr obtener los mejores resultados para la organización.

ESCUCHAR PARA INVOLUCRAR

"No escuchar al que al que nos habla, no solo es falta de cortesía, sino también menosprecio."

Honoré de Balzac

Una pregunta reiterativa en mis talleres es la de ¿Cómo generar compromiso en las personas para que quieran lograr el objetivo del área o de la organización?

Como líderes, tenemos que establecer los objetivos y planes de acción, así como las estrategias para lograrlos. No es una tarea fácil, requiere de mucha información, y estadísticas. Escuchando a nuestros colaboradores, podríamos hacer que esta tarea tan importante para el desarrollo de la organización sea menos compleja y se torne un poco más fácil.

Escuchar a nuestros colaboradores, para entender por ejemplo, que es lo que los clientes buscan o por lo que preguntan, porque tal o cual producto tiene mayor demanda que otro, que compran en la competencia, y por qué no lo compran con nosotros, que productos complementarios necesitan los clientes para atender sus necesidades, son algunas de las preguntas que podrían responder nuestros colaboradores que están por lo general en contacto con los clientes finales, por un lado.

Por otro lado, la mejor forma de enfrentar el mercado hoy en día es siendo creativos. Y nuestros colaboradores también tienen buenas ideas, e incentivar la creatividad en ellos nos va a llevar a tener más y mejores ideas. Pero no podemos pretender que sean creativos si nosotros no somos capaces de escucharlos, de escuchar sus ideas de involucrarlos en el proceso del plan de acción y de las estrategias. Tenemos que animarlos y motivarlos a que den ideas, pero no se trata del famoso "buzón de ideas" y cada uno escribe su idea, y no digo que este mal, pero como repito, lo que la gente quiere es ser escuchada, que escuchen sus ideas, pero que las escuchen de verdad, que las escuchen asertivamente, efectivamente.

Se habla en las empresas de utilizar metodologías como el *Desing Thinking, Trasformación Digital, Journey Map, Canvas,* entre otras, pero como vas a utilizar todo esto, o implementarlas en tus organizaciones si no puedes hacer lo básico que es escuchar a tus colaboradores. Es más, todas estas metodologías hablan justamente de "Escuchar" al "cliente" para poder aplicarlas.

Empieza por escucharlos, entenderlos, saber y conocer que quieren, descubrir sus necesidades, motivarlos y escuchar sus ideas. Solo así podrás utilizar efectivamente todas esas metodologías y poner a tu organización en la cima del éxito empresarial. ¿Cuál sería por ejemplo el journey map de tu empleado o colaborador?; ¿qué hace y como hace las cosas?; ¿Cuáles son sus necesidades reales?, ¿en qué actividades invierte más tiempo y cuál es el retorno en beneficios de esa actividad?; ¿Cuál es el 80 – 20, de su tiempo o actividades?

Si hablamos de Coaching, la 5ta competencia del coaching es la Escucha Activa o Saber Escuchar, un líder necesita y debe tener la competencia de escuchar para involucrar a los colaboradores de sus equipos en los procesos de las estrategias y plan de acción. Al involucrarlos logramos ese compromiso que buscamos en las personas para con el equipo y la organización.

ESCUCHAR PARA RESOLVER

"Tu verdad aumentara en la medida que sepas escuchar la verdad de los otros".

Martin Luther King

Si aplicamos adecuadamente esta competencia de Saber Escuchar, lo más seguro que nos pase es que estaremos generando confianza con nuestros colaboradores. La confianza suficiente para lograr que ellos se acerquen a nosotros con toda libertad para hablar de lo que para ellos es importante y necesario, siempre con todo el respeto que merece la situación y las relaciones Líder – Colaborador.

Es importante tomar en cuenta que los colaboradores de nuestros equipos están expuestos a diferentes estímulos y situaciones, que podrían traerles como consecuencia buenas o malas experiencias, y esto hacerles sentir de una forma u otra cómodos o incomodos.

Cuando existe una comunicación adecuada, y una escucha activa de parte del líder, entonces las personas que conforman nuestros equipos de trabajo podrán llegar a nosotros a comunicarnos eso que sienten y que no necesariamente les hace feliz, o a manifestar algo que les incomoda. El líder en este caso decimos, debe estar atento y escuchar para resolver.

Saber escuchar, entender la situación y ver la mejor forma de resolver para un bienestar general. Pero solo podemos resolver si sabemos escuchar y generamos esa confianza para que ellos se acerquen sin temor a represalias o sanciones, ya que estas situaciones también pueden suscitarse entre el colaborador y el propio líder, por ejemplo, si el colaborador se siente mal con respecto a un trato recibido por su líder. Entonces, ¿puede el colaborador acercarse al líder y manifestarle esa incomodidad que ha tenido en su relación con él?, ¿es eso factible?, ¿el líder está demostrando total apertura a este tipo de conversaciones?

De hecho, no es nada fácil, porque puede que te sientas, como líder, en el banquillo de acusados, desprotegido o desarmado y débil. No hay nada más vulnerable que enfrentarte a un subordinado sin tus "poderes" de líder. Pero, muy por el contrario, un líder tiene que saber cómo dominar este tipo de enfrentamiento, con un buen lenguaje, entendiendo que, si se equivocó, saber excusarse o disculparse y quedar más aun engrandecido y fortalecido como líder, del "enfrentamiento" que verse disminuido.

Dicen y es una gran verdad, que la gente renuncia a los líderes o jefes y no a las empresas, y estoy seguro de que estas totalmente de acuerdo con esto.

Recuerdo cuando trabajaba para una empresa norteamericana en el año 2002, dentro de la medición por gestión a nosotros los líderes, nos tomaban dos puntos cruciales dentro de la evaluación que nos hacían y que eran los siguientes:

¿A cuanta gente, que está bajo tu liderazgo ya ha ascendido o es un nuevo líder?

¿Cuánta gente que está bajo tu liderazgo se ha retirado de la empresa?

Y una de las políticas que tenían en esta empresa era la de la comunicación totalmente horizontal, es decir cualquier colaborador de la empresa podía comunicarse con cualquier persona de la empresa y llegar hasta el CEO en caso tuviera una incomodidad y la forma de utilizarla era la siguiente:

Un subordinado que tenga un problema tenía que resolver su incomodidad primero con su líder o jefe inmediato superior.

Si este líder o jefe no lo resolvía, el colaborador podía subir a la instancia superior, es decir al líder o jefe de su líder.

Si este nuevo líder o jefe del líder, no le resolvía o lo escuchaba, el colaborador podía seguir escalando, hasta encontrar quien en la cadena de mando lo escuchara y resolviera.

Claro está que mientras más arriba llegaba, significa que los líderes de abajo sufrían una seria amonestación.

Esta política hacia que los lideres si o si, tenían que resolver las diferencias que había entre los colaboradores del equipo o entre líder y colaborador.

¿te animas a escuchar a tus colaboradores desde el resolver?

GESTIONAR

"Un gran líder no necesariamente es quien hace grandes cosas. Es la persona que logra que otros lo hagan".

Ronald Reagan

¿Qué es ser un Líder?, existen varias, diría cientos de respuestas a esta pregunta, describiendo lo que hace un líder desde su gestión. Sin embargo, la que mejor define

a un líder, es la que dice: *"Líder es alguien a quien la gente sigue por voluntad"*

Las personas seguimos a los líderes por voluntad propia, porque sentimos que nuestros valores se ven reflejados en ellos, y se alinean con todo su actuar y pensamiento.

Desde esa perspectiva, un líder logra alinear los valores, deseos, espiraciones, y propósito de las personas con las de la organización.

El reto del líder entonces es conseguir que *"los colaboradores logren hacer lo que tienen que hacer, con excelente desempeño, comprometidos, y motivados"*

Existen dentro de esta frase, tres palabras sumamente importantes:

    1.- Excelente Desempeño

    2.- Comprometidos

    3.- Motivados

¿Qué significa esto?, que el líder debe tener la capacidad de lograr sacar lo mejor de cada uno de los colaboradores, entendiendo: quien es quien, en el equipo, quien es el mejor en qué; que competencias destacadas tiene cada miembro del equipo, con la finalidad de asignar los roles correspondientes a cada uno.

Asimismo, el líder tiene que generar compromiso con los colaboradores. Partimos de la definición del compromiso como *"la capacidad que tiene el ser humano para tomar conciencia de la importancia que tiene cumplir con el desarrollo de su trabajo dentro del tiempo estipulado para ello"*. Al comprometernos, ponemos al máximo nuestras capacidades para sacar adelante la tarea encomendada.

La forma de generar compromiso de cada uno de ellos es, como ya dijimos en capítulos anteriores, conociéndolos y haciéndoles partícipes de las estrategias para lograr los objetivos. Conociendo sus valores, que los mueve a la acción, ¿por qué ellos están aquí con nosotros?, ¿qué es lo que buscan de la empresa y para sus vidas profesionales y personales?, entre otras cosas. Y todo esto para poder alinear los objetivos personales de cada miembro del equipo con el objetivo del área. Es decir que entiendan como logrando el objetivo del área, pueden lograr también satisfacer totalmente o en parte sus objetivos profesionales y personales.

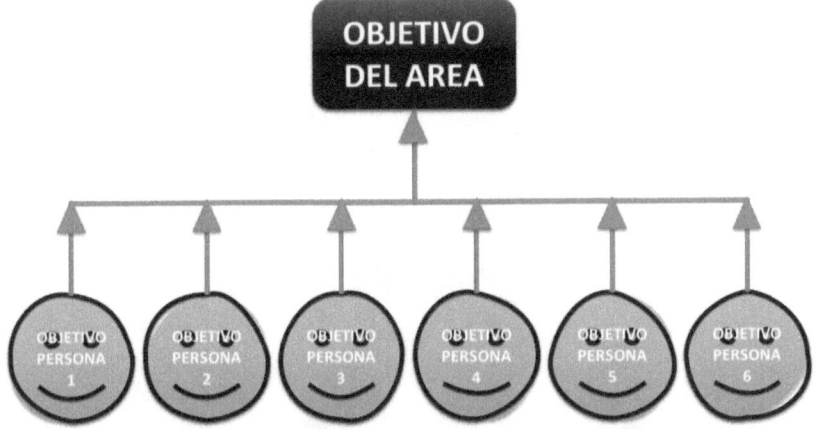

Si los colaboradores encuentran ese alineamiento entre sus objetivos y los del área o empresa, entonces se sentirán comprometidos y con ganas de lograr los resultados esperados e inclusive ir más allá de las metas trazadas.

La tercera palabra que encontramos en nuestra frase es Motivados. Para motivar a los colaboradores o miembros del equipo, el líder tiene que conocerlos, conocer cómo se motivan, que cosas motivan a cada uno de ellos desde su propia individualidad, y digo esto porque debemos entender que las personas son únicas, y cada uno se motiva de diferentes maneras. Como líder debes encontrar eso que motiva a cada uno de tus colaboradores y así mantener la llama encendida de la motivación en el equipo. Lograr a través de esto mantener un clima estable, de excelencia donde las personas se sientan bien y quieran llegar todos los días a trabajar, encender la pasión en tus colaboradores porque a través de la pasión lograras más que solo resultados.

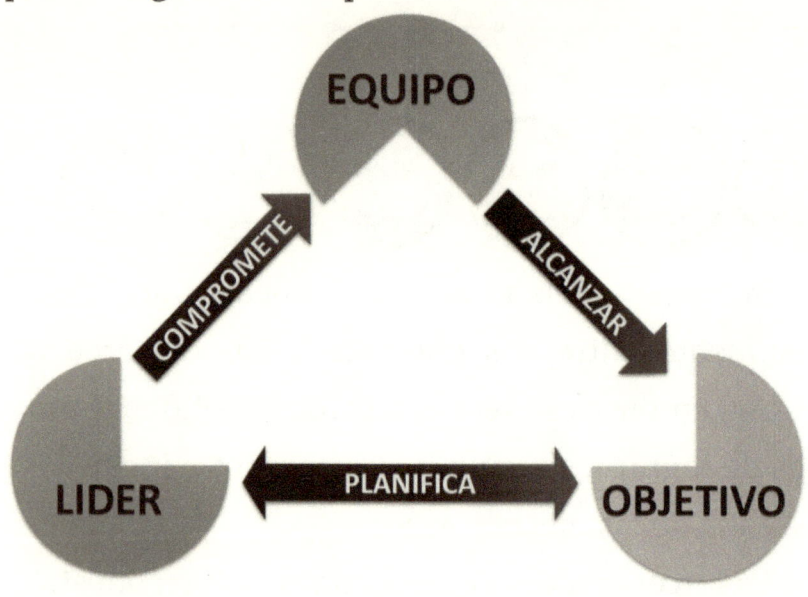

Entonces decimos que el Líder planifica, establece, propone los objetivos del área, y compromete al equipo para que éste alcance los objetivos propuestos por el líder.

OBJETIVOS

"Establecer metas es el primer paso para volver lo invisible, visible".

Anthony Robbins

Busque las definiciones de metas y objetivos, para entender cuál era la diferencia, pues es una pregunta que siempre me hacen en mis talleres. Y me encontré con definiciones antagónicas, por un lado, encontré que había autores que definían la meta como el fin último y genérico a lo que se quiere llegar mientras los objetivos eran la forma específica de cómo llegar a esa meta. Por otro lado, otros autores definían al objetivo como lo final y que las metas eran pequeñas formas de lograr alcanzar el objetivo final. Creo que al final llamarlo metas u objetivos tiende a ser lo mismo, ambos buscan lograr un propósito que las personas nos proponemos alcanzar.

Lo que sí está claro es que ese propósito que deseamos alcanzar tiene que estar claro para nosotros. Mientras más claro este, y mejor definido más fácil podremos lograr alcanzarlo, mientras más "etéreo" sea más difícil de lograrlo.

Como mencionamos en el capítulo de Conocer, mientras más preciso sean tus sueños, más fácil lograras alcanzarlos.

Uno de los métodos más usados para la definición de objetivos, es el Método SMART, por sus siglas en inglés   (Specific-Measurable-Attainable-Realist-Timely);

Que   significa: Especifico-Medible-Alcanzable-Realista-En Tiempo.

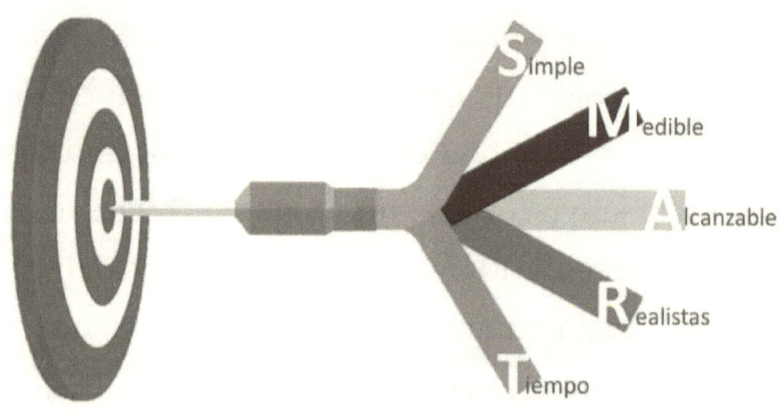

Otros lo llaman EL MAR: Especifico-Límite de Tiempo - Medible-Alcanzable-Realista. Inclusive hay quienes se refieren al método con el nombre:

MARTES; Medible-Alcanzable-Realizable- Tiempo-Especifico - Simple. Inclusive hoy en día hay quienes agregaron una "E" mas, para determinar que el objetivo debe ser "Ecológico".

Como veras existen diferentes denominaciones, y quizás se puedan seguir jugando con las letras e ingeniárnosla para sacar otras palabras parecidas. Sin embargo, el común denominador se mantiene, y es que el OBJETIVO debe ser:

Simple, Sencillo o Especifico: Es decir, fácil de entender por uno mismo y por todo el equipo. Que se pueda comunicar de manera que todos lo entiendan. El objetivo que formules no debe dar pie a la ambigüedad ni a la generalidad. Mientras más detallado lo presentes mejor.

Por ejemplo; plantear un objetivo como: "Queremos crecer en la empresa el 10%".
Sobre este objetivo, podríamos decir que no está completamente especificado:

-¿crecer 10% en qué?:

-¿En cantidad de productos?,

-¿en venta de cantidad de dinero?,

-¿en clientes?

-...en qué?

Medible: Los objetivos deben poder medirse en alguna escala o ratio. Es decir, de medirse en unidades de: peso, o longitud, o financieras, o porcentajes, etc. Y comparables contra parámetros existentes.

Alcanzable: Antes de formular tu objetivo, analiza eventos y revisa tendencias, busca evidencia de que se puede lograr; si estas con tu equipo, realiza encuestas entre sus miembros, con el fin de encontrar un equilibrio y cuando formules el objetivo frente al equipo, todos sientan que si se puede lograr. Porque si el equipo cree que no se puede conseguir, probablemente no lo consigan.

Realista: Los objetivos deben estar delimitados en un marco real. Dentro de la realidad, política-económica del país, del rubro, del mercado y de la empresa. Una cosa es Alcanzable y otra Realista. ¿Nuestro objetivo es realista dentro de la situación actual del mercado? Tenemos que ser conscientes de todos los factores, tanto Externos ya mencionados, como Internos. Y en cuanto factores internos, debemos tener en cuenta, nuestra capacidad de producción, por ejemplo, la inversión que se realizara tanto en máquinas, como en Marketing, u otros aspectos. Debemos tener en cuenta a nuestro equipo, que tan capacitados se encuentran, en donde están actualmente, cuanto más pueden rendir, entre otros factores

Tiempo: El objetivo debe tener una fecha inicial y una fecha de término. Es decir, en cuanto tiempo lo vamos a lograr. Esto también nos sirve para poner fechas intermedias de logros, así podremos medir los avances en el camino. Si debemos seguir con la estrategia planteada, o ésta nos está atrasando y debemos cambiarla.

Seguir estos pasos te garantizará el éxito en la definición de tus objetivos, así como en la definición de los objetivos de tu área, e inclusive podrás definir así los objetivos que establezcan o consideres para cada uno de los colaboradores que conforman tu equipo de trabajo.

Luego de haber definido correctamente el objetivo, necesitamos gestionar nuestro plan de acción y llevarlo a cabo. Para ello en coaching utilizamos la metodología: **GROW** por sus iniciales en inglés: *Goal – Reality – Options – Will*

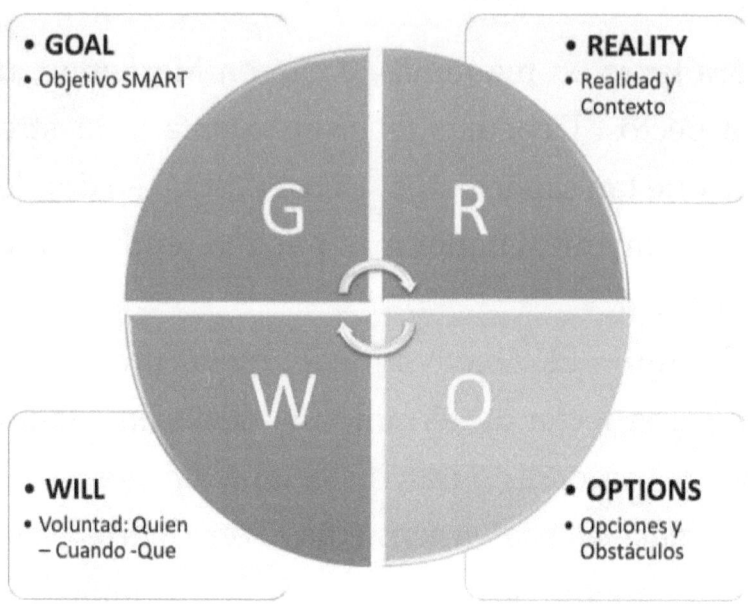

El Método GROW, fue creado por Graham Alexander y popularizado por Sir John Whitmore en la década de los 80. Este método nos sirve para realizar el plan de acción que queremos llevar a cabo para el logro de los objetivos, y se aplica para cada objetivo, uno por uno.

El Método G-R-O-W: por sus siglas en Ingles, tiene el siguiente significado:

GOALS: Objetivos: Estos deberás tenerlos claros, y se definen utilizando la Técnica SMART como vimos.

REALITY: Realidad: Aquí debes examinar detalladamente, cuál es tu Realidad actual. Es decir, primero tomar conciencia de donde te encuentras. Algunas preguntas que te ayudaran en esta etapa: En qué situación estás; a quienes afectara este objetivo que deseas tomar, (recuerda que las acciones que realizaras para lograr tu objetivo afectaran a unas personas o áreas y beneficiara a otras). Que obstáculos tienes que enfrentar para lograr tu objetivo; con qué recursos cuentas; de qué manera afecta la situación actual del mercado al logro de tu objetivo, como y de qué manera afectara a las otras áreas, como se relaciona tus objetivos de área con respecto a las otras áreas. Todas estas son algunas de las consideraciones que debes tomar en este punto.

OPTIONS and OBSTACLES: Opciones y Obstáculos: En esta etapa debemos analizar cuáles son todas las opciones que tienes para llegar a tus objetivos. También visualizar los obstáculos que se puedan presentar en el camino. Para tomar conciencia de esta etapa puedes formularte las siguientes preguntas: Que opciones tienes para lograr el éxito; de todas esas opciones, cuáles son las más viables, Que harías si tuvieras más tiempo, más presupuesto o si fueras el jefe; que más podrías hacer; que otros obstáculos se te pueden presentar, tanto factores externos como internos.

WILL: WHAT-WHEN-WHO: Voluntad: Una vez que tienes todas las etapas anteriores bien definidas solo resta desarrollar tu plan de acción o estrategia final para lograr tus objetivos. Podrías elaborar una agenda o bitácora personal donde vayas anotando cada compromiso que harás para el logro de tus objetivos. ¡Si! Debes tener COMPROMISOS personales para lograr tus objetivos. Algunas preguntas que te pueden ayudar en esta etapa: Que opciones has elegido para lograr tu objetivo; Quien debería conocer tus planes; Que apoyo necesitas y de Quien; Como vas a obtener ese apoyo y Cuando; Que acciones harás frente a los obstáculos; Cuando empezaras; Que etapas intermedias has definido; Cuando empieza y termina cada etapa. Quienes son los responsables de cada etapa; que acciones se necesitan en cada etapa.

Una vez que tengas bien desarrollado tu plan de acción, solo falta empezar. Por eso en la última parte es indispensable poner la fecha de inicio del plan de acción, y una o varias fechas intermedias de control de medición o alcances, y la fecha final donde se logrará el objetivo.

EL METODO GROW:

OBJETIVO	
	SMART
	En que te beneficia
	Como sabrás si lo alcanzaste
	En cuanto tiempo
REALIDAD	
	Cual es la situación actual
	Que has hecho antes para mejorar esa situación
	Con que recursos cuentas
	A que obstáculos te enfrentas
	Que implicancias podrias tener
	Que personas significan un apalancamiento y quienes un obstaculo
OPCIONES	
	Que opciones tienes para lograr el éxito
	Cuales de esas opciones son mas viables
	Como vas a medir, que KPIs vas a utilizar
	Que recursos necesitas
VOLUNTAD	
	Quien se compromete a que / Responsables
	Cuando empezaran las acciones
	Cuando y con que frecuencia se realizaran las mediciones de exito
	Cuando finaliza

GESTION INDIVIDUAL

"La tarea del líder es llevar a la gente desde donde están hasta donde jamás han estado".

Henry A. Kissinger

El líder tiene como reto, asumir la responsabilidad de dirigir a otras personas, para obtener con ellos resultados extraordinarios de objetivos en común. Asimismo, ser capaces de producir altos niveles de productividad en un ambiente altamente motivador hacia sus colaboradores.

El ciclo de gestión de personas este compuesto por los siguientes elementos:

-Evaluación de Desempeño

-Asignación de Roles y Metas

-Entrenamiento en campo

-Feedback

-Reconocimiento

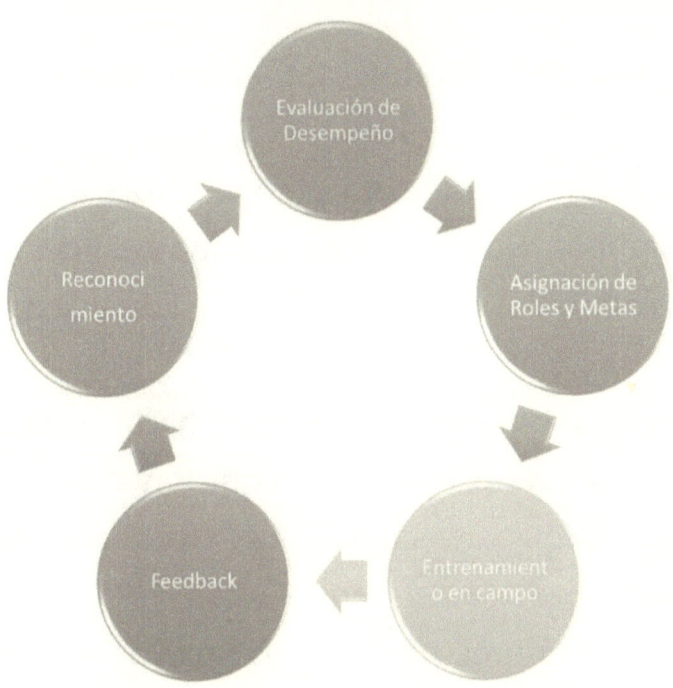

El ciclo se repite constantemente, ya que el colaborador sigue evolucionando y creciendo dentro de la organización.

Para lograr esto hemos escrito y desarrollado varias herramientas a lo largo del libro.

Quisiera empezar con el entrenamiento en campo, y para lograrlo debemos aplicar las etapas siguientes:

Primero el líder se junta con el colaborador y le explica paso a paso lo que debe hacer, haciendo una narración descriptiva de todo lo que se necesita hacer, por su parte el colaborador toma nota y el líder va respondiendo todas las inquietudes del colaborador.

Segundo paso, el líder y el colaborador trabajan juntos, y ambos hacen lo mismo, dejando el líder que sea el colaborador quien tome más acción en las actividades.

Tercer paso, el colaborador hace y le va explicando al líder paso a paso lo que hay que hacer. El líder toma nota y termina dándole feedback sobre lo trabajado.

Cuarto y último paso, el colaborador realiza el trabajo solo y el líder supervisa aleatoriamente el trabajo del colaborador.

El cuadro siguiente sintetiza y sirve como guía sobre el entrenamiento en campo:

PASOS		ACCIONES
PIMER PASO: DEMOSTRACIÓN	1	Muestro al colaborador cómo se debe de realizar la tarea
	2	Le explico por qué se hace así.
	3	Absuelvo sus dudas
SEGUNDO PASO: AMBOS REALIZAN LA TAREA	1	El colaborador me va explicando el proceso a seguir y ambos realizamos juntos la actividad.
	2	Mientras hacemos la tarea explico y absuelvo dudas.
TERCER PASO: OBSERVACIÓN AL COLABORADOR	1	El colaborador realiza la tarea y yo lo observo tomando nota.
	2	Le doy feedback al colaborador y absuelve dudas.
CUARTO PASO: COLABORADOR REALIZA LA TAREA SOLO	1	Realizo observación periódica.

Otro punto sumamente importante dentro de la gestión de personas y su desarrollo es saber dar Feedback.

Desde el coaching, Feedback es la información y conocimiento que se le da a una persona sobre algo en específico que quiere saber, o comportamiento que se quiere cambie en algún aspecto. Tiene por intención proporcionar a la persona que lo recibe información de alta calidad para conocer, saber que ocurre, mejorar su desempeño, rectificar o modificar patrones de pensamiento, creencias, comportamientos, acciones, etc.

La idea del feedback es lograr modificar un comportamiento erróneo del colaborador, ósea decir las cosas, pero en el momento adecuado, en el lugar deseado, contando con el permiso del colaborador y con tacto. De lo contrario, si a la hora de dar feedback genero malestar con lo que digo, por más que sea la verdad, no estoy siendo efectivo, no estaría ayudando.

¿Por qué si yo soy el líder y el colaborador mi subordinado, tengo que pedirle permiso para darle feedback?

Bueno, de lo que se trata al decir "pedirle permiso" es en realidad una estrategia para que el colaborador quiera escuchar el feedback, es decir preguntarle si tiene un tiempo para escuchar el feedback que queremos darle y nos preste toda su atención. Entender desde la "Humildad" del líder que el colaborador también tiene sus tiempos y espacios.

¿Para qué debería dar feedback?

Los motivos por los cuales deberíamos dar feedback es porque nos ayuda a:

1.-Promover cambios concretos,

2.-Afianzar conductas esperadas.

3.-Generar crecimiento y ayudar a la persona a desarrollarse

4.-Mejorar el clima.

5.-Se fortalece la aceptación del liderazgo

¿Qué sucede cuando el feedback no es el adecuado, no lo entregamos adecuadamente?

Por lo general las personas pensamos que dar feedback es realizar una crítica sobre el desempeño del colaborador. Hay líderes que al entender esto prefieren no dar el feedback, o a veces debido al ego, se cae en el error de no solo criticar negativamente, sino también en avergonzar, hacer sentir mal, culpar, ofender. Claro el resultado de este tipo de feedback no es para nada positivo, muy por el contrario, lo único que se consigue es resentimientos, acrecentar el conflicto, desmotivación y bajo rendimiento, o inclusive incremento en la merma, ausentismo, entre otros.

Para dar un buen feedback te propongo las siguientes pautas: **Antes – Durante - Después**

Antes Prepararnos antes del Feedback, preguntarnos y definir:

1.- ¿Qué específicamente quiero ver cambiado?; Actitud, comportamiento, desempeño, etc. ser objetivo, no subjetivo, especifico y puntual.

2.- ¿Puede ser cambiado?; realmente se puede cambiar, que sucede si es una persona que constantemente llega tarde a la oficina, pero vive a 2 horas de camino para llegar. Quizás la solución está en darle un horario flexible, o cambiarlo de sucursal.

3.- ¿Cuándo y dónde se ha presentado la conducta o actitud que quiero modificar?; ser claro, especifico y puntual; y no generalizar como, por ejemplo, no decir: siempre llegas tarde, o siempre te equivocas en esto o aquello. Mucho mejor, es decir: he observado que en estas fechas has llegado tarde, o en estas situaciones te has equivocado, etc.

4.- ¿Cómo puedo contribuir al cambio?; analizar de qué manera yo como líder y desde mi posición podría ayudar a cambiar este hábito, actitud o desempeño. Que herramientas le puede facilitar al colaborador.

5.- ¿Cuál es el mejor momento y lugar para hacerlo?; esto es a lo que me refiero con "pedir permiso", tenemos que encontrar el momento adecuado, preciso y en el lugar adecuado para que el feedback sea de calidad.

6.- ¿Soy yo la persona indicada?; hay que analizar este punto y ver si doy yo el feedback u otra persona en mi lugar. Una vez me paso que estando en la tienda, un cliente se me acerca y me dice que uno de los vendedores olía realmente mal, y que era desagradable venir a comprar a esa sección, por el mal olor de ese vendedor. El tema es que, averiguando con sus compañeros, efectivamente ella era una persona que no se aseaba correctamente y generaba malestar con los clientes y sus compañeros. Aquí hay un comportamiento que corregir y cambiar para el beneficio de todos. La pregunto yo como hombre ¿debía darle el feedback a esta mujer, o quizás era mejor que una persona de su mismo género se lo dé? Particularmente le solicite a mi secretaria que sea ella quien le dé el feedback correctivo sobre ese hábito y funciono muy bien.

Durante el Feedback pasos a seguir:

1.- Romper el hielo; empezar hablando, por ejemplo, del clima, o del fin de semana, o algún evento interesante para el colaborador. La idea es generar un clima relajado y no tenso.

2.- Debemos entender que cuando llamas a un subordinado a tu oficina, éste no viene por lo general "relajado", para que esto suceda, la idea de "romper el hielo" funciona muy bien.

3.- Explique el objetivo; explicar el por qué están reunidos y cuál es la intención.

4.- Empiece con algo positivo; es importante que sepa la persona o colaborador, qué aprecias de él o ella, o qué fortalezas observas en él o ella y cómo eso ayuda al equipo y a la organización, por ejemplo.

5.- La importancia de estos tres primeros pasos es poder relajar al colaborador, generar un ambiente de confianza con él, hacer que se sienta bien y así este más abierto a recibir la información.

6.- Precise el comportamiento que desea cambiar: una conducta, o resultado, o impacto, o acción que viene realizando y que está generando resultados contradictorios, o no alineados con el resto del equipo, o el área.

7.- Pida una explicación, de por qué ocurre esto, y busque comprender, practicar la escucha activa.

8.- Pregúntele que cambio está dispuesto a realizar (compromiso), cómo lo va a realizar, qué pasos va a dar e invítelo a que empiece de inmediato o al día siguiente, y establezca una próxima reunión en 15, 20 o 30 días para analizar los alcances y avances del cambio al que se está comprometiendo a dar.

9.- Establezca un pacto puntualizando, que apoyo va a dar y la manera de hacer seguimientos.

Después del Feedback es importante reunirse de acuerdo al cronograma que realizaron, y analizar los cambios positivos, así como las barreras encontradas que puedan estar obstaculizando el cambio de comportamiento. En caso existan barreras, establecer nuevas estrategias y hacerle preguntas como:

1.- A que se deben las barreras

2.- Que cambios está dispuesto a realizar

3.- Como puede hacer para salir de la barrera

4.- Que recursos se necesitan para sortear la barrera

5.- Con que recursos cuenta para sortear la barrera

6.- De donde sacaría los recursos que necesita

7.- Establecer nuevas estrategias y fechas

GESTION GRUPAL

"Los lideres destacados hacen hasta lo imposible por elevar la autoestima de su personal. Si la gente cree en sí misma, es increíble lo que pueden lograr".

Sam Walton

El líder gestiona personas y equipos; En el capítulo anterior hablamos de la gestión de personas, y en este capítulo tocaremos como gestionar equipos.

El punto de partida de un equipo es el objetivo por lograr. Tu primera tarea como líder es definir y comunicar el o los objetivos del área, y garantizar que esta ha quedado clara para todos los miembros del equipo. Recuerda que cada persona interpreta desde sus mapas mentales, así que es sumamente importante para el logro de los objetivos, que estos estén claros para todos, entonces cerciórate preguntando aleatoriamente a los miembros de tu equipo que han entendido.

Luego de comunicar la tarea u objetivo, debes definir junto con el equipo la estrategia. Pídeles sus ideas, involucrarlos en la definición de la estrategia los compromete con la misma. Pon en práctica la metodología GROW y desarróllala con todo tu equipo.

No olvides preguntar al equipo en que los puedes apoyar para poner en práctica la estrategia acordada, recuerda que tu rol como líder es darles dirección y apoyo para que ellos puedan lograr el objetivo.

Recuerda que un equipo para funcionar y madurar requiere reunirse periódicamente. Las reuniones son "la cancha" donde entrenan los equipos para prepararse y ser mejores. Aprovecha este espacio para promover la comunicación abierta y el compañerismo. Mientras más reuniones efectivas realices, mejor preparados y motivados.

Uno de los grandes retos del equipo es aprender de los errores. La mejor manera de generar aprendizaje para que el equipo madure es analizando y aprendiendo de los errores cometidos. Por eso no castigues el error, más bien, promueve y practica la "cultura del error", que las personas se acostumbren a hablar de sus errores, y que sea compartido con todos para definir entre todos como afrontarlos y aprender de ellos.

Por ultimo y no menos importante, sino más bien uno de los factores vitales de un equipo es: la cooperación. La cooperación no es natural en los seres humanos pues hemos sido formados para competir. Competimos desde que nacemos, y nos van formando en las escuelas, universidades y en la vida en general a competir. Competir no es malo, pero mucho mejor es cooperar. Fomenta la cooperación en el equipo haciendo evidente y tangible con resultados el valor de la sinergia. Muchas veces me preguntan o comentan que la competencia es buena, así obligas a todos a estar en altos niveles de resultados. Es correcto, sin embargo, se puede hacer un mix de cooperación y competencia. Les comento un caso interesante de éxito, donde aplicaron este mix. En una oportunidad un banco importante en el país con decenas de oficinas, tenían el problema de que muy pocas y con poca frecuencia las oficinas lograban sus objetivos, sin embargo, existía una sola que era la excepción a la regla y al contrario de la mayoría, ellos por lo general no solo llegaban a sus metas, sino que la sobrepasaban y que lo raro en esa oficina era no llegar a la meta. Así que fuimos a estudiar qué era lo que sucedía, y el resultado fue el siguiente: el banco, procesaba toda la información del fin de mes los primeros días del mes, y luego de ello enviaba los objetivos a las oficinas. Eso significaba que las oficinas tenían en sus manos los objetivos recién los 5 o 6 de cada mes. Significaba que ya estaban casi una semana atrasados, así que empezaban a correr, de hecho, establecían sus estrategias y comenzaban a trabajar, y claro, cuando les faltaba una semana para cerrar todos corrían como locos para alcanzar los resultados, las últimas semanas eran pesadas y de arduo trabajo para todos, por eso les caía bien "esperar" esos 5 o 6 días el nuevo objetivo, a modo de respiro de todo lo que tuvieron que "correr" las dos últimas semanas. Y así se desempeñaban mes a mes, y los resultados casi nunca acompañaban. Sin embargo, en la oficina diferente, la líder hacia lo siguiente: ella días antes de terminar el mes, se reunía con su equipo y señalaba los objetivos para el mes siguiente, utilizando estadísticas y datos históricos proyectaba lo que podría el banco enviarle como objetivo para el mes, y casi siempre acertaba o de lo contrario luego de empezar a trabajar en el objetivo hacia un pequeño ajuste. Luego formulaban las estrategias y tenía dos grupos de trabajo que competían entre ellos, los "pumas" y los "osos", así que desde el primer día del mes tanto, "pumas" y "osos" se ponían a trabajar, cuando llegaban los objetivos de la central, esta oficina ya había avanzado una semana, y lo que hacia la líder era comparar sus objetivos con los de la central. Si había alguna diferencia, se volvía a juntar con su equipo y rectificaban los objetivos, de lo contrario seguían adelante con las estrategias. Inclusive en ocasiones los objetivos que ella proponía estaban por encima de los que la central les asignaba, por eso es por lo que normalmente superaban los objetivos. El comentario de la líder fue que ellos a la tercera semana ya habían cumplido con los objetivos, y lo que hacía era utilizar la cuarta semana para darles a sus equipos permisos, y tiempo para ellos. Pero para lograr ese beneficio, obviamente tenían que llegar al objetivo. Los "osos" competían con los "pumas", pero había una condición, y era que entre ellos tenían que colaborar, y si uno de ellos estaba por debajo de sus objetivos el otro equipo tenía que dedicar tiempo y esfuerzo en ayudarlos a nivelarse. Esto generaba un ambiente de cooperación y confianza en que todos estaban apoyado por todos, llegaban, cumplían y hasta sobrepasaban sus metas y todos disfrutaban de un clima laboral de excelencia. Aquí se ven reflejados factores de liderazgo, como la visión del líder, su competitividad, la cooperación del equipo, y la alineación hacia los objetivos del área.

EQUILIBRAR

"La vida es como montar bicicleta, para mantener el equilibrio, debes seguir moviéndote".

Albert Einstein

Para un colaborador o empleado, encontrar el balance entre la vida, la actividad familiar y el trabajo puede resultar toda una aventura. En la actualidad es uno de los retos más comunes de los.

trabajadores. Para lograr una mayor calidad de vida, es muy importante que un empleado sepa hallar la armonía entre lo profesional y lo personal, y el líder debe estar para apoyar y ayudar a encontrar ese equilibrio a través de políticas tiene como, por ejemplo, que el colaborador pueda tomar tiempo libre para resolver sus asuntos personales cuando lo necesite y animar al colaborador para que equilibren el trabajo con su vida personal

Hoy en día, cuidar a un recién nacido, tener un familiar con enfermedad grave, o peor aún tener que despedir a un familiar para siempre, puede no ser la única razón por la que un empleado podría necesitar un permiso para no trabajar. Cada vez líderes y colaboradores son más conscientes de ello y por eso la importancia de buscar políticas de equilibrio de vida familiar y laboral.

Existen casos, donde la empresa es la que exige un alto grado de compromiso que no deja opciones al empleado o colaborador. Es así como los empleados terminan batiendo récords por horas de permanencia en el trabajo (ya sea en la oficina o en casa) por diversas razones. Entre ellas, por el temor de quedar desempleados, o el deseo de cumplir metas personales como un ascenso dentro de la organización.

En Japón, El "Karoshi" es un término usado para los problemas físicos derivados del exceso de horas en el trabajo.

En español, 'karoshi' significa 'muerte por exceso de trabajo'. Si un juez determina un caso de karoshi, la familia recibe US$20.000 por el gobierno. Y aunque parezca difícil de creer, describe un fenómeno que padece la sociedad japonesa y que ha sido reconocido desde 1987, pues 'matarse por trabajar', literalmente, es algo que les ha ocurrido a miles de personas en Japón.

Una investigación realizada por un grupo de profesores finlandeses publicada en la revista científica The Lancet, al analizar los hábitos y la salud de más de 600.000 personas, encontraron que quienes hacen muchas horas extras corren mayor riesgo de padecer una enfermedad cardiovascular.

VIDA LABORAL Y VIDA PERSONAL

"La felicidad no es una cuestión de intensidad, sino de equilibrio y orden, ritmo y armonía".

Thomas Merton

La familia constituye un elemento importante dentro de la sociedad, pues es el núcleo de esta misma, en ella se fomentan los primeros principios, valores y normas de vida que prepararán a un grupo de individuos para la convivencia en comunidad. Por su lado el trabajo también constituye un elemento esencial para el desarrollo de cualquier sociedad, sin trabajo las sociedades no progresan ni surgen. Es imposible concebir una sociedad en la que no se trabaje, mucho menos si no existen el seno familiar. Ambos son importantes para el desarrollo de la sociedad misma, y deben coexistir de manera armónica.

Desde que el hombre ocupa un empleo, inicia una carrera por conseguir éxitos profesionales que provienen de largas y extenuantes horas dedicadas al trabajo. De esta manera, muchas personas no saben desconectar lo profesional de lo personal y se llevan a casa parte de su agenda de trabajo. Una encuesta sobre condiciones de trabajo y salud realizada en el 2012, en América Central, encontró que más del 10 % de los encuestados reportaron haberse sentido constantemente bajo estrés o tensión, tristes o deprimidos, o con pérdida de sueño debido a sus preocupaciones laborales.

En este sentido, las políticas organizacionales son fundamentales para fomentar el equilibrio entre trabajo y familia. Las empresas que han aplicado estas estrategias dentro de la organización han generado un incremento en los niveles de bienestar y satisfacción de los trabajadores, se les conoce también como salario emocional en algunas empresas y algunas de las medidas implementadas por ellas son:

> Flexibilidad de horarios.

> Servicio de asistencia en labores domésticas.

> Permisos laborales.

> Beneficios organizacionales.

> Descanso por cumpleaños

> Permisos por nacimiento de un hijo para el padre

> Horas mensuales para realizar trámites personales

> Home office

> Actividades extralaborales

> After office

> Programas de actividades que incluya a la familia

> Programas de salud

> Programas de orientación legal

> Programas de mejoramiento de calidad de vida

En una empresa muy bien reconocida por su cultura y clima laboral orientados a los colaboradores, hicieron una encuesta sobre la calidad de vida de ellos, y encontraron que la mayoría no contaba con un baño completo, solo tenían silos. Esta empresa compro cientos de baños completos a una empresa local y a todos aquellos que querían uno en su casa, se los vendían en cuotas mensuales y se los construían. De esta forma los colaboradores elevaron su calidad de vida y claro está la de su familia, como consecuencia se generó un mayor compromiso y satisfacción de los colaboradores y resultados extraordinarios en la gestión de los líderes. También en esta misma empresa se detectó que muchas de las mujeres tenían problemas de abuso por sus maridos, lo que llevo a que esta empresa formara un departamento legal y otro psicológico orientado a ayudarlas a resolver sus problemas y se sientan respaldadas para afrontar estos abusos.

En definitiva, esta empresa creció exorbitantemente, dándose a conocer por su cultura y clima, no solo atraía a los mejores elementos del mercado, sino que también era muy bien vista por las empresas que requerían el servicio que ellos ofrecían, y la mayoría quería contratar sus servicios.

Tener un plan o políticas que mejoren la calidad de vida de tus colaboradores genera no solo compromiso de ellos hacia la organización, sino que también hacia afuera, las empresas querrán contratarte porque están seguras de que eres una organización con ética, y responsable, por lo que generas más ingresos y creces.

Otras empresas invitan a la familia, esposa, hijos, padres, hermanos a que visiten el lugar donde trabaja el colaborador, para que se sientan orgullosos de él, y la visita termina con un delicioso lonche que disfrutan y comparten todos.

Mantener el equilibrio entre la vida familiar, y laboral es pues sinónimo de sentirse pleno, en equilibrio, saludable y productivo, y esto repercute de manera positiva también en la organización.

PROGRAMAS DE VOLUNTARIADO

"Nos ganamos la vida con lo que recibimos, pero hacemos la vida con lo que damos".

John maxwell

Los programas de voluntariado tienen que ver con el dar a otros desde nosotros. Es dar y no recibir, y ¿Qué tiene que ver esto con el equilibrio?

La revista Atlantic Monthly publicó hace un tiempo un artículo fascinante titulado "Ser feliz no lo es todo en la vida". La autora, Emily Esfahani Smith, señala que los investigadores están poco a poco comenzando a entender que la vida no solo se trata de perseguir la felicidad, ya que han descubierto que, pese a que una vida significativa y una vida feliz coinciden en ciertas cosas, son en realidad muy diferentes una de otra. Los sicólogos descubrieron que tener una vida feliz está asociado con ser un tomador, mientras que tener una vida significativa está asociado con ser un dador. "La felicidad sin significado está caracterizada por una vida relativamente superficial e incluso egoísta, en la que todo está bien, las necesidades y los deseos son satisfechos sin dificultad y las complicaciones son evitadas", escribe la autora. La gente feliz obtiene su alegría de recibir, mientras que la gente que tiene una vida significativa obtiene su alegría de dar a otros.

De acuerdo con Roy Baumeister, jefe de investigación del estudio: "Lo que separa a los humanos de los animales no es la búsqueda de la felicidad, lo cual ocurre en todo el mundo natural, sino que es la búsqueda de sentido, la cual sólo existe en los humanos".

La felicidad es un subproducto de una vida significativa.

En un fascinante experimento, un grupo de investigadores les dieron a estudiantes universitarios billetes de 5 o 20 dólares y les pidieron que gastaran el dinero antes del atardecer. A la mitad de los participantes les pidieron que gastaran el dinero en sí mismos mientras que al resto les pidieron que lo gastaran en los demás. Los participantes que gastaron el ingreso inesperado en los demás —lo cual incluyó juguetes para hermanos y comidas con amigos— dijeron haberse sentido más felices que quienes gastaron el dinero en sí mismos. Gastar una suma tan pequeña como 5 dólares en otra persona generó un aumento medible en la felicidad, mientras que adquirir un supuesto placer (objetos para la gratificación personal) casi no produjo un cambio en el humor de la gente.

Una vida significativa es el objetivo supremo, y en nuestra búsqueda de una buena vida descubriremos la recompensa de la felicidad verdadera.

Tener programas de voluntariado donde los colaboradores puedan participar en dar o ayudar a la sociedad, a las personas que más lo necesiten, los lleva a una vida con sentido y a experimentar mayor satisfacción y felicidad, y esto conlleva a un clima organizacional de excelencia.

¿Qué programas de voluntariado están implementando en tu organización?; ¿Quiénes participan de ello?; ¿Cómo se realizan los programas de voluntariado?; ¿te das tiempo para liderar uno?

INCLUSION SOCIAL

"El miedo es la más grande discapacidad de todas".

Nick Vujicic

La inclusión social hoy en día juega un rol importante dentro de las organizaciones, y tiene varias aristas que ayudan a generar un clima laboral de excelencia. Tenemos que considerar cuales son las políticas, programas y planes de comunicación interna y externa que tiene la organización respecto a temas como:

1.- Promover la diversidad dentro de la empresa

2.- Programa de inclusión a personas con discapacidad

3.- Trato justo independientemente de las edades o grupo generacional

4.- Trato justo independientemente de la orientación sexual y sexo de los colaboradores

Si hablamos directamente de programas de integración de personas con discapacidad, es importante tomar en cuenta, cuatro aspectos fundamentales:

1.- La comunicación interna

2.- La comunicación externa

3.- La formación de un grupo de recursos para la inclusión

4.- Programa de capacitación y sensibilización para el tema

Sobre la comunicación Interna: Para lograr esto, se necesita el apoyo de toda la organización, desde los altos cargos, pasando por las gerencias, y jefaturas.

Todos deben estar involucrados y conocer las políticas y practicarlas. Esto debe ser seguido por un proceso sistemático de capacitación y sensibilización de toda la empresa.

La comunicación de las políticas y programas relacionados a la inclusión debe ser trasversal a toda la empresa y se deben comunicar de manera clara y precisa.

Se debe tener en cuenta aspectos tales como:

1.- Realizar reuniones/talleres de sensibilización con todos los niveles de la organización.

2.- Establecer roles, responsabilidades a diferentes gerencias para involucrarlas en el proceso de inclusión.

3.- Programa de incentivos y premios a todos los que realicen contribuciones positivas para los programas de inclusión, esto involucra a todos incluyendo las personas discapacitadas.

En cuanto a la comunicación externa:

1.- Diseñar un programa de comunicación externa donde la empresa exprese su compromiso y como promueve la inclusión social.

2.- Dar a conocer a la sociedad, la experiencia de trabajar con personas discapacitadas, los logros obtenidos, e invitar a otras empresas a seguir los pasos de la inclusión social.

3.- Generar vínculos con organizaciones que albergan personas con discapacidad como fuente de captación de personal y también para invitarlos a realizar charlas o seminarios con el personal o en eventos empresariales.

Sobre La formación de un grupo de recursos para la inclusión:

1.- El grupo de apoyo puede estar conformado por los gerentes, supervisores, o por los mismos colaboradores. Lo ideal es tener una participación de varias figuras de la organización.

2.- La idea es que el grupo brinde oportunidades para que los colaboradores conformen redes de apoyo, compartan inquietudes, intereses y experiencias.

3.- Es importante que los objetivos de este grupo de apoyo estén vinculados directamente a las metas y objetivos estratégicos de la empresa y no como un grupo de apoyo.

4.- Realizar un plan de acción donde incluya el presupuesto para el programa de inclusión y asegurar el financiamiento.

5.- Programa de capacitación y sensibilización para el tema.

Los programas de capacitación y sensibilización son importantes para fortalecer el proceso de inclusión y en especial, para crear una cultura inclusiva en la empresa.

Los integrantes del programa de capacitación deben estar debidamente informados y capacitados sobre temas relacionados con temas como, la discapacidad y diversidad desde un enfoque de derechos.

Es importante que, en estas actividades de capacitación, todo el personal de la empresa participe y no únicamente aquel que trabaja, o trabajará, más de cerca con la/s personas/s con discapacidad contratada/s.

Para que la organización o empresa sea considerada verdaderamente inclusiva, como parte de su estrategia de negocio, deberá estar preparada para incluir a clientes, consumidores, proveedores, socios y miembros de su comunidad con discapacidad en todos los aspectos que correspondan.

AGRADECER

"*Se agradecido por la que ya tienes mientras persigues tus objetivos. Si no estas agradecido por lo que ya tienes, ¿Qué te hace pensar que serias feliz con más?*".

Roy T. Bennett

Quiero empezar esta parte del agradecimiento con una historia particular que me sucedió hace poco, no es trascendental, pero aprendí algo importante sobre el saber agradecer por lo que tenemos día a día y que pasa por lo general desapercibido.

Vivo en una pensión, y me dijeron una noche que la terma de agua caliente se había malogrado. Al día siguiente me levante con la idea que no me podría bañar con agua caliente, y me dio mucha pereza levantarme, el solo hecho de pensar que me tenía que bañar con agua fría me incomodaba mucho. Finalmente y después de mentalizarme que tenía que sufrir con el agua helada en invierno, me atreví a ir al baño, así que cogí mi toalla ingrese al baño, cerré la puerta y allí estaba yo, volviendo a mentalizarme, empecé a sacarme la parte superior de la pijama, y antes que nada, dije, vamos a ver qué pasa si abro la manija del agua caliente (eso se llama esperanza....jajaja), solo por curiosidad, y mi sorpresa fue tal al ver que de la ducha salía el agua y que estaba caliente, no cabía de felicidad, sin demorar y a toda prisa entre a la ducha y como nunca tuve la mejor ducha de agua caliente, por supuesto, dando gracias que aun podía disfrutar del agua caliente, y no paraba de agradecer. Después de unos minutos que agradecía y agradecía al cielo por tanta suerte, digámoslo así, me detuve un momento y me puse a pensar, es la misma ducha que tomo todos los días en la mañana, y nunca había agradecido por ello.

Pensé, cuantas cosas hacemos todos los días, y no somos capaces de ver lo maravilloso que es poder tener, por ejemplo, agua caliente en casa, o una televisión, o una cama con abrigo para dormir, o luz en casa, y tantas muchas cosas más.

El agradecimiento debe ser parte de nuestras vidas, empezar el día agradeciendo; agradeciendo por un día más de vida, por volver tu alma al cuerpo, y tener todo en su lugar, agradecer por tener que comer y que tomar, en fin, eso te lleva a una actitud positiva a ver las cosas desde otra perspectiva.

Un buen habito es cada noche antes de dormir, enumera cinco cosas por las cuales te sientes agradecido ese día, quizás al principio no te sea fácil lograr pensar en cinco cosas, pero créeme que, si las hay, y hay más, pero solo enumera cinco y anótalas en un cuaderno, o en tu móvil, o Tablet. Como resultado se descansa mejor, se acuesta feliz, y al levantarte agradece por un día más, un día con nuevas cosas por agradecer, todo eso influye en tu pensamiento, y el enfoque que le empezaras a dar a las cosas.

Ser agradecido es tener una actitud positiva frente a la vida, estés donde estés, tengas lo que tengas.

AGRADECER POR EL TRABAJO

"Un buen líder cuida a los que tiene bajo su cargo. Un mal líder carga a los que tiene bajo su cuidado".

Simón Sinek

El líder debe cuidar a las personas que tiene bajo su cargo, y me refiero a que como líderes tenemos que entender que tratamos con personas que tienen todo tipo de eventos en el día a día, así como uno mismo. Y que es difícil muchas veces separar las cosas. Como líder, ¿reconoces el esfuerzo, el buen trabajo, la milla extra que da tu colaborador dentro de sus funciones?; ¿tus colaboradores tienen la oportunidad de recibir agradecimiento o reconocimiento especial por lo que hacen?;

Te suena o has escuchado alguna vez la siguiente frase: *"para eso le pago, para que haga bien su trabajo, ¿Por qué tendría que felicitarlo?, lo felicitare cuando haga algo extraordinario".*

Es verdad, porque tendría que felicitar a alguien por hacer algo por lo cual se le está pagando, y dentro del "contrato de trabajo" dijo que eso era lo que haría con excelente desempeño; tiene mucha lógica. Analicemos el siguiente ejemplo:

Los clubes de football profesional, cuentan con grandes estrellas del balón-pie, muchas de ellas fueron traídas o contratadas de otros clubes y por el cual se desembolsaron grandes cantidades de dinero. Una vez en el club ese jugador profesional de football, tiene grandes beneficios, a parte claro está de su pago mensual que hay quienes están alrededor de las 6 cifras mensuales, y se les paga por hacer su trabajo (jugar al football), de acuerdo con el contrato que firmaron con el equipo o club. Ahora bien, si hablamos de un delantero, se entiende que se le paga para anotar la mayor cantidad de goles. ¿Qué pasa cuando este delantero mete un gol?,

1.- El entrenador, los accionistas del equipo o club, el público, y sus compañeros, le comentan: "por fin haces una..., ¡para eso te pagamos!!!!!!!", o....

2.- Todos saltan de alegría por la anotación, festejando en grande el acontecimiento, que es básicamente que el jugador llego al objetivo ¡Goal!

Estarás de acuerdo con que es lo segundo, ¿verdad?

Y qué pasa si falla el tiro y no es gol, ... todos de la misma forma le demuestran su apoyo e igual lo aplauden y le dan ánimos. Ahora regresando a nuestra realidad, ¿de cuantas cifras es el sueldo que le pagas a tu empleado?, y salvando distancias, ¿le agradeces o festejas cada vez que logra su meta, así como festejas el gol que mete tu estrella de football y que gana más de 6 cifras?

Piénsalo, que tan motivados y alegres estarían tus empelados cada vez que festejamos y/o agradecemos por esas anotaciones que hacen en favor del área o de la organización.

Así como mencionamos en el capítulo anterior, agradecer para cambiar de actitud, agradecer para motivar, agradecer para generar espacios de confianza, de respeto y de satisfacción por el trabajo realizado.

Para agradecer tenemos que considerar que cada persona es única, y nuestro modelo ser un LIDER U-COACH nos permite agradecer de manera personal, única y exclusiva a cada una de las personas de nuestro equipo, el LIDER U-COACH es el líder que está pendiente de cada "jugador" de su equipo y saber reconocer y agradecer de manera individual, genera apertura a las buenas relaciones, confianza y con un estilo único para cada uno de ellos.

CELEBRAR

"Solo hay dos maneras de vivir la vida. Una de ellas es como si nada fuera un milagro. La otra es como si todo fuera un milagro".

Albert Einstein

¿De qué manera celebramos los avances y éxitos personales, del equipo y de la organización?; ¿cómo haces sentir a cada uno de los miembros de tu equipo cuando logran resultados extraordinarios?; ¿cómo se celebran las diferentes ocasiones de la organización?

Al celebrar las ocasiones especiales de tu organización, generas sentimientos de pertenencia, se generan vínculos e identidad. Celebrar involucrando a todos, celebrar haciendo sentir que el éxito es de todos, celebrando más grande aun compartiendo con la comunidad en general.

Una empresa de gran reputación en el país tenía dos eventos que se volvieron en su momento increíblemente esperados por la sociedad de Lima, uno de ellos era el famoso corso por la celebración de las fiestas patrias de Perú; y el otro evento también esperado e inclusive televisado algunos años, era el día del trabajo.

El primero, el corso, inicio tomado unas cuantas calles aledañas a su tienda principal, pero lo hicieron tan bien, y espectacular que cada año iban mejorando en el espectáculo, terminado con fuegos artificiales, hasta que finalmente cerraban las avenidas centrales de toda una ciudad por ese día para hacer el corso, que era visto por miles y pasado por televisión. Era la forma de celebrar las fiestas patrias, de esta empresa con la sociedad, compartir con todos un poco de esa alegría, y claro está, las empresas proveedoras participaban haciendo gala con sus mejores exhibiciones durante el corso.

Era la forma de celebrar junto con la sociedad, como diciendo estamos aquí por ustedes y queremos compartir la alegría de existir en este país y juntos.

Por otro lado, el agradecimiento con la celebración, pero esta vez con sus empleados, en el día del trabajo. Ese día cerraban todas sus tiendas y lo dedicaban solo a sus empleados y familiares, todo un día con comidas, espectáculos y cerraban el día con actuaciones de los empleados, que ellos preparaban con mucha pasión y dedicación, en los cuales dedicaban horas de ensayos, y finalmente lograban un espectáculo digno de teatro. Había diferentes temas, desde música, teatro, ballet entre otros. Todos con coreografías espectaculares, tuve la oportunidad de ser invitado una vez y me quedé impresionado por la belleza del espectáculo que presentaban. Y el cierre final del día, hacían el ritual de las velas, donde apagaban todas las luces, y el presidente de la compañía encendía su vela y éste prendía la vela de uno de sus colaboradores, y así se iban prendiendo e iluminando todo el espacio a la luz de las velas que se encendía por medio de otros, como dando a entender que todos somos parte de esto y todos dependemos de todos, todos son la luz y la razón de existir de la empresa.

Realmente una manera digna de imitar de como celebrar con tus colaboradores, con mucha mística, fuerza y energía.

¿Cuáles son tus rituales de celebración?, ¿Cómo festejas con tus colaboradores?, ¿y con la sociedad?, ¿dedicas algo de tiempo o esfuerzo a celebrar con tus clientes?

MOTIVAR

"Recuerda que los aviones para poder volar necesitan estar con el viento en contra, nunca a favor".

Henry Ford

De acuerdo con Ken Blanchard en su teoría del liderazgo situacional, el líder se sostiene bajo dos grandes columnas:

1.- La acción de dirigir

2.- La acción de apoyo

La acción de dirigir tiene que ver con definir los objetivos y las estrategias, básicamente con definir: **QUE** (objetivos) y **COMO** (estrategias).

Y la acción de apoyo, tiene que ver con la motivación de las personas.

¿Qué es la motivación?: La palabra motivación deriva del latín *motivus o motus*, que significa 'causa del movimiento' Habilidad para ilusionarnos y entusiasmarnos con el fin de lograr un deseo, objetivo o expectativa sin depender de persona o evento externo.

Podríamos decir que es la habilidad del líder para lograr que la gente se ponga en acción de manera entusiasta y colaborativa, hacia los objetivos que se ha trazado.

Existen dos tipos de motivación:

La motivación intrínseca: cuando la persona realiza una actividad por el simple placer de realizarla sin que alguien de manera obvia le de algún incentivo externo. Una afición es un ejemplo típico, así como la sensación de placer, la autosuperación o la sensación de éxito.

La motivación extrínseca: aparece cuando lo que atrae a la persona no es la acción en sí misma, sino lo que se recibe a cambio de ella (por ejemplo, una situación social, dinero, comida o cualquier otra forma de recompensa).

Cuando ambas están en equilibrio podríamos hablar de una situación de motivación.

Cuando la persona está más orientada a la motivación extrínseca, es decir espera demasiadas recompensas, que pueden traducirse en: reconocimiento hablado, escrito, bonos, dinero, premios, etc. entonces se produce lo que conocemos como frustración.

Cuando la persona está más orientada a realizar sus propios sueños, enfocarse en sus valores y propósito de vida, cuando siente que existe un alineamiento entre sus valores y los del área, entonces se produce lo que conocemos con el nombre de: Persona Automotivada.

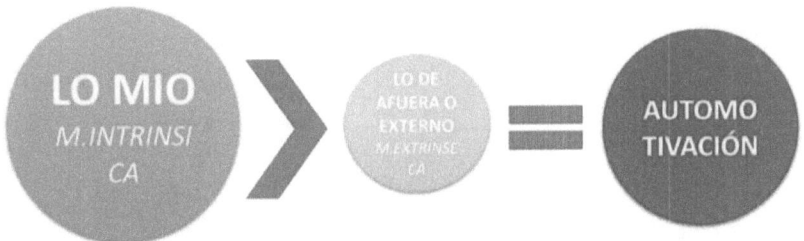

Ambos tipos de motivaciones, la intrínseca y extrínseca, coexisten juntas, es imposible que una desaparezca, pues siempre necesitamos de una y otra en alguna medida.

Para mantener la motivación del equipo y de las personas, el líder, tiene que orientarse a desarrollar la motivación intrínseca de sus colaboradores. Lograr ese alineamiento entre sus valores y los valores del área. Para ello la única forma de lograrlo es conociendo a las personas que conforman su equipo.

Una de las formas de conocer a las personas es a través del mapa de empatía del colaborador, esta se realiza a modo una introspección personal que hace el líder:

Primero define a su "Colaborador promedio" o Avatar, dándole un nombre, edad, rol que desempeña, porque está trabajando con nosotros, estatus familiar, es decir, hijos, estado civil, donde vive, que hace los fines de semana, y cuáles son sus hobbies.

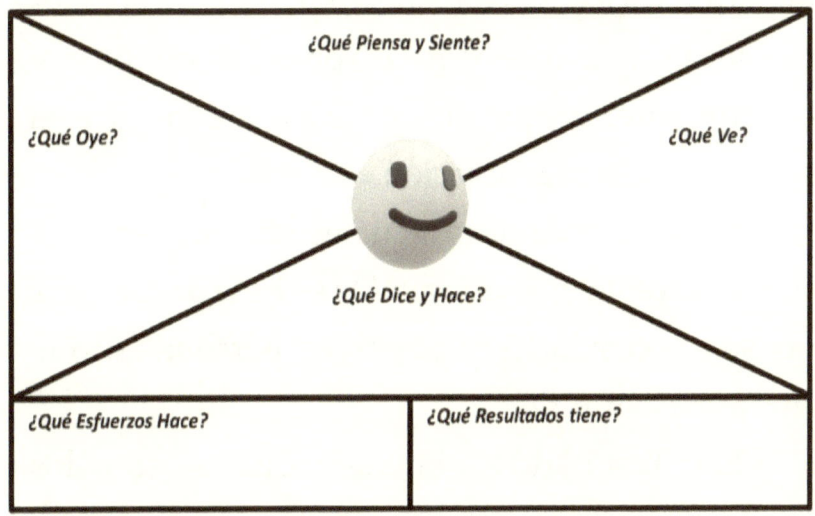

Luego responde a las preguntas que se encuentran en cada cuadrante desde su perspectiva o, mejor dicho, poniéndote en el lugar del Avatar que acabas de crear:

¿Qué Piensa y Siente?, respecto del Equipo, respecto del liderazgo, respecto a la organización

¿Qué oye?, que dicen sus compañeros, que oye de su líder, que oye de las otras áreas de la organización, que rumores escucha.

¿Qué ve?, que ve que hacen sus compañeros, que ve que hace el líder, que ve de lo que sucede a su alrededor y de lo que pasa en el día a día en su lugar de trabajo.

¿Qué dice y hace?, que dice y hace sobre su trabajo, que dice y hace respecto a las indicaciones que se le da, que dice y hace sobre las políticas y reglamento interno, que dice y hace sobre lo que está sucediendo en la organización.

¿Qué esfuerzos hace?, cuáles son sus temores, como los enfrenta, que obstáculos se interponen para lograr sus necesidades y objetivos personales, que riesgos teme asumir

¿Qué resultados obtiene? Cuáles son los resultados que tiene, cuales desea conseguir, con que KPIs se miden sus resultados, que estrategias puede utilizar para lograr los resultados

Respondiendo esas preguntas, podremos entender mejor a nuestros colaboradores y motivarlos para que estén alineados con los objetivos del área y la organización.

Otro gran reto del líder es mantener motivados a los colaboradores desde las tareas que se les asignan, así tenemos que, si el nivel de las tareas asignadas es demasiado bajo respecto al talento de los colaboradores, estos caerán en aburrimiento y falta de aprovechamiento. Por el contrario, si el nivel de la tarea es extremadamente alto respecto a sus habilidades y destrezas, generara stress y frustración en el colaborador. La idea es mantener un nivel de tarea que sea retador y alcanzable a la vez de acuerdo con el nivel de talentos de los colaboradores. El siguiente grafico muestra lo explicado:

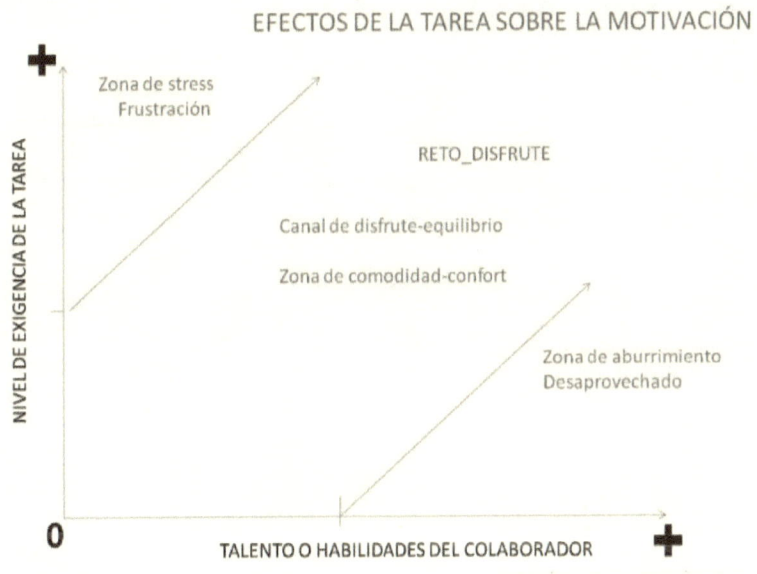

Como ves motivar implica el conocer muy bien a tus colaboradores, y tiene mucho que ver con sus aspiraciones, metas y objetivos.

Dentro de lo que tienes que realizar para motivarlos está el ver cómo es su mundo, cuáles son sus sueños, cuáles son sus valores, que buscan, que es lo que más les apasiona, que es lo que más disfrutan, que es lo que menos disfrutan, cuáles son sus competencias y fortalezas, cuáles son sus estilos de comunicación.

Conocerlos no significa tener que intimar con ellos, significa que a través de un espacio de respeto y confianza puedas entablar una relación que conlleve al éxito del área y la organización.

PALABRAS FINALES

La **CONFIANZA**, desde cualquier punto de vista es la base de toda relación. No existe relación sin confianza, desde las relaciones personales, amorosas, de familia, padres e hijos, en general todo tipo de relación, insisto, se basa en la **CONFIANZA**.

Es por ello por lo que si un Líder o Coach o **LIDER-COACH** quiere generar resultados extraordinarios en sus equipos debe empezar por desarrollar la confianza, generarla hacia su equipo y que sea el valor incondicional, no negociable para tomar acción dentro del equipo.

Sin confianza no podremos CONOCERNOS ni conocer a los demás, sin confianza no tendremos un proceso de SELECCIÓN adecuado, sin confianza no existirá una buena COMUNICACIÓN, sin confianza no podremos ESCUCHAR efectivamente ni nos escucharan, sin confianza no podríamos dar un buen Feedback y por lo tanto las personas del equipo no se podrían DESARROLLAR adecuadamente, sin confianza no habría posibilidad de GESTIONAR adecuadamente a las personas y los equipos, sin confianza no existe EQUILIBRIO alguno que nos haga sentir tranquilos, y sin confianza que podríamos CELEBRAR con nuestros equipos.

Por todo lo descrito líneas arriba, es que he puesto a la CONFIANZA en el centro de las competencias de LIDER COACH, ya que, sin esta, no habría la posibilidad de tener una buena relación, una relación adecuada con el equipo, y/o dentro de las organizaciones. Si es cierto que se puede trabajar, pero a un costo alto, puesto que las personas rinden mucho menos, que, en un ambiente de confianza, la personas no dan esa "milla extra" adecuadamente, me refiero a que si la dan es por obligación o sentirse amenazados, más que por querer hacerlo, y los resultados obviamente no serán los esperados. Se puede trabajar sin confianza con un alto costo en la salud de las personas que conforman los equipos. Las personas se enferman más en un ambiente donde no hay confianza, pues los niveles de estrés se elevan y generan todo tipo de enfermedades, sobre todo las cardiopatías.

Crear un ambiente de ALTO EN CONFIANZA, genera resultados extraordinarios, ósea más allá de lo ordinario. Y este es el gran reto de los lideres hoy en día. Las nuevas generaciones necesitan y quieren líderes que los guíen, orienten, los reconozcan, sean empáticos, y todo esto solo se logra a través de un ambiente de ALTA CONFIANZA.

Utilizando la relación **U-COACH** (*Único – Confiable, Orientado A Resultados, Asertivo, Creativo, Humilde*) como guía referente para liderar a tus equipos, encontraras mejores resultados, personal más comprometido, motivado y dando lo mejor de cada uno para lograr los objetivos estratégicos organizacionales. Persona que se sentirán tranquilas, seguras y apoyadas por su líder y que a su vez ellos estarán dispuestos a dar lo mejor de lo mejor para su líder. *"MI LIDER PARA MI, YO PARA MI LIDER"*

¡Te dejo un abrazo y mis deseos de éxito en tu liderazgo!

¡¡Hasta la próxima!!